Ein Weihnachtsabend
mit Theodor Storm

Ein Weihnachtsabend mit Theodor Storm

Reclam

RECLAMS UNIVERSAL-BIBLIOTHEK Nr. 14316
2022 Philipp Reclam jun. Verlag GmbH,
Siemensstraße 32, 71254 Ditzingen
Umschlaggestaltung: zero-media.net
Umschlagabbildung: FinePic®
Schmuckelemente: © shutterstock / Nadezhda Molkentin
Druck und Bindung: Esser printSolutions GmbH,
Untere Sonnenstraße 5, 84030 Ergolding
Printed in Germany 2024
RECLAM, UNIVERSAL-BIBLIOTHEK und
RECLAMS UNIVERSAL-BIBLIOTHEK sind eingetragene Marken
der Philipp Reclam jun. GmbH & Co. KG, Stuttgart
ISBN 978-3-15-014316-2
www.reclam.de

Inhalt

Theodor Storm

Weihnachten mit Storm

»Es wird Weihnachten, und man denkt noch mehr und inniger nach Haus als sonst«. Diese Zeilen, die Theodor Storm 1861 an seine Schwiegereltern schrieb, verraten: Weihnachten war für den deutschen Schriftsteller nicht nur eine Zeit des Schenkens und Genießens, für ihn war es vor allem ein Fest der Besinnlichkeit. Besonders am Heiligen Abend dachte er an vergangene Weihnachtsfeste und an all jene, mit denen er nicht zusammen sein konnte. Die weihnachtlichen Traditionen, auf die Storm so viel Wert legte, ließen ihn mit seinen Gedanken in die Vergangenheit reisen.

Doch es war auch ein Fest des Hier und Jetzt, und bei den Storms ging es heiter und festlich zu. Voller Vorfreude blickte man auf den 24. Dezember, es wurde gebacken und gebastelt, das Heim herausgeputzt. Wie schön konnte da das Warten sein! Auch Storm wurde zu einem rechten »Weihnachtskind«, schnitt weiße Netze zurecht, wickelte Schokolade ein, vergoldete Kartoffeln, die später in aller »Kinderherrlichkeit« den Tannenbaum schmücken sollten. Storm wollte die Au-

gen seiner acht Kinder und die seiner Ehefrauen (1846 hatte er seine Cousine Constanze Esmarch geheiratet; nach ihrem Tod 1865 vermählte er sich mit Dorothea Jensen, mit der er schon seit 1848 ein Liebesverhältnis hatte) zum Strahlen bringen.

Aber auch seine eigenen Augen müssen gestrahlt haben, wenn er als kleiner Junge die festlich geschmückte Stube im Husumer Elternhaus betreten hatte. Hier war er am 14. September 1817 als Hans Theodor Woldsen Storm geboren worden, war in Husum und Lübeck zur Schule gegangen, hatte in Kiel Jura studiert und in Husum mit Constanze sein erstes eigenes Heim gegründet. Eine echte norddeutsche Seele also. Umso schwerer muss es ihm gefallen sein, als er 1852 aufgrund seiner politischen Meinung seine geliebte Heimat verlassen musste und erst 1864 zurückkehren konnte. Von da an blieb Storm in Norddeutschland. Seine Hauptschaffenszeit verbrachte er in Husum, ehe er 1880 nach Hademarschen zog. Er starb am 4. Juli 1888 und wurde in der Familiengruft in Husum beigesetzt. Viele besinnliche Weihnachtsabende wird er bis dahin im Kreise seiner Liebsten verlebt haben, zwischen reichlich vergoldetem Baumschmuck, Tannen- und Fichtenäpfeln, Tee und Apfelkuchen, Sauerbraten und Festtagspunsch.

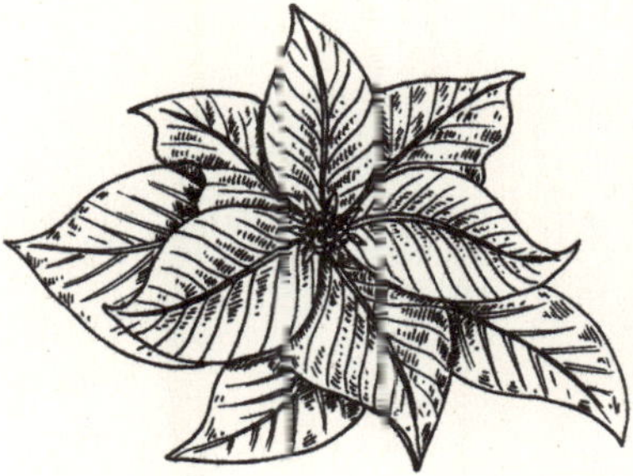

Weihnachtslied

Vom Himmel in die tiefsten Klüfte
Ein milder Stern herniederlacht;
Vom Tannenwalde steigen Düfte
Und hauchen durch die Winterlüfte,
Und kerzenhelle wird die Nacht.

Mir ist das Herz so froh erschrocken,
Das ist die liebe Weihnachtszeit!
Ich höre fernher Kirchenglocken
Mich lieblich heimatlich verlocken
In märchenstille Herrlichkeit.

Ein frommer Zauber hält mich wieder,
Anbetend, staunend muss ich stehn;
Es sinkt auf meine Augenlider
Ein goldner Kindertraum hernieder,
Ich fühl's, ein Wunder ist geschehn.

Ein Schwelgen in Erinnerungen

Lass es denn nun erst einmal Weihnacht werden. Es war immer mein schönstes Fest, und brachte mir immer wieder den Frieden meiner Kinderheimat, nach dem ich jetzt so oft vergeblich Sehnsucht trage.

An seinen Schwiegervater Ernst Esmarch, Dezember 1854

Sentimentale Weihnachtsgrüße

Auch wenn er ihn nie persönlich traf, verband Storm eine rege Brieffreundschaft mit dem Schweizer Schriftsteller Gottfried Keller (1819–1890), die erst ein halbes Jahr vor Storms Tod enden sollte. In Vorfreude auf das anstehende Weihnachtsfest schrieb Storm die folgenden Zeilen.

Hademarschen-Hanerau, 22. Dezember 1882.

Da bin ich, lieber Freund, um Ihnen, so gut es durch so viel Ferne geschehen kann, zu dem mir ewig jungen Kindheitsfeste die Hand zu schütteln. Unten spielt meine Jüngste allerlei süße Melodien, und im ganzen Hause weihnachtet es sehr. Zwei Tage lang nichts als Kisten gepackt und Pakete gemacht u. Weihnachtsbriefe an Alt und Jung in alle Welt gesendet; ich habe diesmal nur meine zwei Jüngsten, die Gertrud u. Dodo, zu Haus und morgen kommt aus Varel noch mein Musikus, d. h. Musiklehrer. Aber die breitästige, 12 Fuß hohe Tanne steht schon im großen Zimmer, an den letzten Abenden ist fleißige Hausarbeit gehalten: der goldne Märchenzweig, dito die Traubenbüschel des Erlensamens und große Fichtenzapfen, an denen diesmal lebensgroße Kreuzschnäbel von Papiermaché sich anklammern werden, während zwei desgleichen Rotkehlchen neben ihrem Nest mit Eiern im Tannengrün sitzen, feine weiße Netze, deren Inhalt sorgsam in Gold- u. andere nach Lichtfarben gewählte Papiere gewickelt ist, alles liegt parat, und morgen helfe ich den Baum schmücken.

Wenn dann aber am Weihnachtsabend die Lichter brennen und die Kinder ihr Weihnachtslied anstimmen, dann überfällt's mich doch: Wo sind sie alle, die sich einst mit mir gefreut? – Antwort: wo auch ich bald sein werde. – Und das Geschick deiner Lieben? – Ein ewiges Dunkel für dich.

Lieber Freund, ich werde sentimental, und das schickt sich eigentlich nicht für alte Leute. [...]

Die Meinen grüßen Sie mit mir. Möge auch über Sie die Märchenstille dieses Festes kommen, einerlei ob von dem Kinde in der Krippe oder von unsern alten schönen Götterfrauen, die in den Zwölften Umzug halten. Vor allen Dingen auch möge Ihr treu Geschwister sich mit Ihnen in gefestigter Gesundheit der Festesruhe freuen!

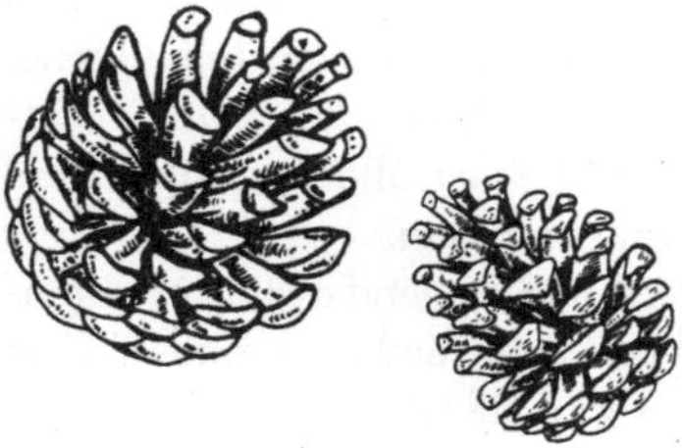

Marthe und ihre Uhr

»Marthe und ihre Uhr« war die erste veröffentlichte Erzählung von Theodor Storm und erschien 1848. Die ältere alleinstehende Dame lebt in einfachen Verhältnissen und verbringt den Weihnachtsabend in ihrer Stube – allein, doch nicht einsam, denn an all ihren alten Möbeln haften wertvolle Erinnerungen. Unaufhörlich bewegt eine alte Stutzuhr ihr Pendel, und im Rhythmus des beruhigenden Tickens beginnen Marthes Gedanken zu kreisen.

Während der letzten Jahre meines Schulbesuchs wohnte ich in einem kleinen Bürgerhause der Stadt, worin aber von Vater, Mutter und vielen Geschwistern nur eine alternde unverheiratete Tochter zurückgeblieben war. Die Eltern und zwei Brüder waren gestorben, die Schwestern bis auf die jüngste, welche einen Arzt am selbigen Ort geheiratet hatte, ihren Männern in entfernte Gegenden gefolgt. So blieb denn Marthe allein in ihrem elterlichen Hause, worin sie sich durch das Vermieten des früheren Familienzimmers und mit Hülfe einer kleinen Rente spärlich durchs Leben brachte. Doch kümmerte es sie wenig, dass sie nur sonntags ihren Mittagstisch decken konnte; denn ihre Ansprüche an das äußere Leben waren fast keine; eine Folge der strengen und sparsamen Erziehung welche der Vater sowohl aus Grundsatz als auch in Rücksicht seiner beschränkten bürgerlichen Verhältnisse allen seinen Kindern gegeben hatte. Wenn aber Marthen in ihrer Jugend nur die gewöhnliche Schulbildung zuteil geworden war, so hatte das Nachdenken ihrer späteren einsamen Stunden, vereinigt mit einem behänden Verstande und dem sittlichen

Ernst ihres Charakters, sie doch zu der Zeit, in welcher ich sie kennen lernte, auf eine für Frauen, namentlich des Bürgerstandes, ungewöhnlich hohe Bildungsstufe gehoben. Freilich sprach sie nicht immer grammatisch richtig, obgleich sie viel und mit Aufmerksamkeit las, am liebsten geschichtlichen oder poetischen Inhalts; aber sie wusste sich dafür meistens über das Gelesene ein richtiges Urteil zu bilden und, was so wenigen gelingt, selbständig das Gute vom Schlechten zu unterscheiden. Mörikes »Maler Nolten«, welcher damals erschien, machte großen Eindruck auf sie, so dass sie ihn immer wieder las; erst das Ganze, dann diese oder jene Partie, wie sie ihr eben zusagte. Die Gestalten des Dichters wurden für sie selbstbestimmende lebende Wesen, deren Handlungen nicht mehr an die Notwendigkeit des dichterischen Organismus gebunden waren; und sie konnte stundenlang darüber nachsinnen, auf welche Weise das hereinbrechende Verhängnis von so vielen geliebten Menschen dennoch hätte abgewandt werden können.

Die Langeweile drückte Marthen in ihrer Einsamkeit nicht, wohl aber zuweilen ein Gefühl der Zwecklosigkeit ihres Lebens nach außen hin; sie bedurfte jemandes, für den sie hätte arbeiten und sorgen können. Bei dem Mangel näher Befreundeter kam dieser löbliche Trieb ihren jeweiligen Mietern zugute, und auch ich habe manche Freundlichkeit und Aufmerksamkeit von ihrer Hand erfahren. – An Blumen hatte sie eine große Freude, und es schien mir ein Zeichen ihres anspruchslosen und resignierten Sinnes, dass sie unter ihnen die weißen und von diesen wieder die einfachen am liebsten hatte. Es war immer ihr erster Festtag im Jahre, wenn ihr die Kinder der Schwester aus deren Garten die ersten Schneeglöckchen und Märzblumen brachten; dann wurde ein kleines Porzellankörbchen aus dem Schrank herabgenommen, und die Blumen zierten unter ihrer sorgsamen Pflege wochenlang die kleine Kammer.

Da Marthe seit dem Tode ihrer Eltern wenig Menschen um sich sah und namentlich die langen Winterabende fast immer allein zubrachte, so lieh die regsame und gestaltende Phantasie, welche ihr ganz besonders eigen war, den Dingen um sie her eine Art von Leben und Bewusstsein. Sie borgte Teilchen ihrer Seele aus an die alten Möbeln ihrer Kammer, und die alten Möbeln erhielten so die Fähigkeit, sich mit ihr zu unterhalten; meistens freilich war diese Unterhaltung eine stumme, aber sie war dafür desto inniger und ohne Missverständnis. Ihr Spinnrad, ihr braungeschnitzter Lehnstuhl waren gar sonderbare Dinge, die oft die eigentümlichsten Grillen hatten; vorzüglich war dies aber der Fall mit einer altmodischen Stutzuhr, welche ihr verstorbener Vater vor über funfzig Jahren, auch damals schon als ein uraltes Stück, auf dem Trödelmarkt zu Amsterdam gekauft hatte. Das Ding sah freilich seltsam genug aus: zwei Meerweiber, aus Blech geschnitten und dann übermalt, lehnten zu jeder Seite ihr langhaariges Antlitz an das vergilbte Zifferblatt; die schuppigen Fischleiber, welche von einstiger Vergoldung zeugten, umschlossen dasselbe nach unten zu; die Weiser schienen dem Schwanze eines Skorpions nachgebildet zu sein. Vermutlich war das Räderwerk durch langen Gebrauch verschlissen; denn der Perpendikelschlag war hart und ungleich, und die Gewichte schossen zuweilen mehrere Zoll mit einem Mal hinunter. –

Diese Uhr war die beredteste Gesellschaft ihrer Besitzerin; sie mischte sich aber auch in alle ihre Gedanken. Wenn

Marthe in ein Hinbrüten über ihre Einsamkeit verfallen wollte, dann ging der Perpendikel tick, tack! tick, tack! immer härter, immer eindringlicher; er ließ ihr keine Ruh, er schlug immer mitten in ihre Gedanken hinein. Endlich musste sie aufsehen; – da schien die Sonne so warm in die Fensterscheiben, die Nelken auf dem Fensterbrett dufteten so süß; draußen schossen die Schwalben singend durch den Himmel. Sie musste wieder fröhlich sein, die Welt um sie her war gar zu freundlich.

Die Uhr hatte aber auch wirklich ihren eigenen Kopf; sie war alt geworden und kehrte sich nicht mehr so gar viel an die neue Zeit; daher schlug sie oft sechs, wenn sie zwölf schlagen sollte, und ein andermal, um es wiedergutzumachen, wollte sie nicht aufhören zu schlagen, bis Marthe das Schlaglot von der Kette nahm. Das Wunderlichste war, dass sie zuweilen gar nicht dazu kommen konnte; dann schnurrte und schnurrte es zwischen den Rädern, aber der Hammer wollte nicht ausholen; und das geschah meistens mitten in der Nacht. Marthe wurde jedes Mal wach; und mochte es im klingendsten Winter und in der dunkelsten Nacht sein, sie stand auf und ruhte nicht, bis sie die alte Uhr aus ihren Nöten erlöst hatte. Dann ging sie wieder zu Bette und dachte sich allerlei, warum die Uhr sie wohl geweckt habe, und fragte sich, ob sie in ihrem Tagewerk auch etwas vergessen, ob sie es auch mit guten Gedanken beschlossen habe.

Nun war es Weihnachten. Den Christabend, da ein übermäßiger Schneefall mir den Weg zur Heimat versperrte, hatte ich in einer befreundeten, kinderreichen Familie zugebracht; der Tannenbaum hatte gebrannt, die Kinder waren jubelnd in die lang verschlossene Weihnachtsstube gestürzt; nachher hatten wir die unerlässlichen Karpfen ge-

gessen und Bischof dazu getrunken; nichts von der herkömmlichen Feierlichkeit war versäumt worden. – Am andern Morgen trat ich zu Marthe in die Kammer, um ihr den gebräuchlichen Glückwunsch zum Feste abzustatten. Sie saß mit untergestütztem Arm am Tische; ihre Arbeit schien längst geruht zu haben.

»Und wie haben Sie denn gestern Ihren Weihnachtabend zugebracht?«, fragte ich.

Sie sah zu Boden und antwortete: »Zu Hause.«

»Zu Hause? Und nicht bei Ihren Schwesterkindern?«

»Ach«, sagte sie, »seit meine Mutter gestern vor zehn Jahren hier in diesem Bette starb, bin ich am Weihnachtabend nicht ausgegangen. Meine Schwester schickte gestern wohl zu mir, und als es dunkel wurde, dachte ich wohl daran, einmal hinzugehen; aber – die alte Uhr war auch wieder so drollig; es war akkurat, als wenn sie immer sagte: Tu es nicht, tu es nicht! Was willst du da? Deine Weihnachtsfeier gehört ja nicht dahin!«

Und so blieb sie denn zu Haus in dem kleinen Zimmer, wo sie als Kind gespielt, wo sie später ihren Eltern die Augen zugedrückt hatte und wo die alte Uhr pickte ganz wie dazumalen. Aber jetzt, nachdem sie ihren Willen bekommen und Marthe das schon hervorgezogene Festkleid wieder in den Schrank verschlossen hatte, pickte sie so leise, ganz leise und immer leiser, zuletzt unhörbar. – Marthe durfte sich ungestört der Erinnerung aller Weihnachtabende ihres Lebens überlassen: Ihr Vater saß wieder in dem braungeschnitzten Lehnstuhl; er trug das feine Sammetkäppchen und den schwarzen Sonntagsrock; auch blickten seine ernsten Augen heute so freundlich; denn es war Weihnachtabend, Weihnachtabend vor – ach, vor sehr,

sehr vielen Jahren! Ein Weihnachtsbaum zwar brannte nicht auf dem Tisch – das war ja nur für reiche Leute –, aber stattdessen zwei hohe dicke Lichter; und davon wurde das kleine Zimmer so hell, dass die Kinder ordentlich die Hand vor die Augen halten mussten, als sie aus der dunkeln Vordiele hineintreten durften. Dann gingen sie an den Tisch, aber nach der Weise des Hauses ohne Hast und laute Freudenäußerung, und betrachteten, was ihnen das Christkind einbeschert hatte. Das waren nun freilich keine teuern Spielsachen, auch nicht einmal wohlfeile, sondern lauter nützliche und notwendige Dinge, ein Kleid, ein Paar Schuhe, eine Rechentafel, ein Gesangbuch und dergleichen mehr; aber die Kinder waren gleichwohl glücklich mit ihrer Rechentafel und ihrem neuen Gesangbuch, und sie gingen eins ums andere, dem Vater die Hand zu küssen, der währenddessen zufrieden lächelnd in seinem Lehnstuhl geblieben war. Die Mutter mit ihrem milden freundlichen Gesicht unter dem eng anliegenden Scheiteltuch band ihnen die neue Schürze vor und malte ihnen Zahlen und Buchstaben zum Nachschreiben auf die neue Tafel. Doch sie hatte nicht gar lange Zeit, sie musste in die Küche und Apfelkuchen backen; denn das war für die Kinder eine Hauptbescherung am Weihnachtabend; die mussten notwendig gebacken werden. Da schlug der Vater das neue Gesangbuch auf und stimmte mit seiner klaren Stimme an: »Frohlockt, lobsinget Gott«; die Kinder aber, die alle Melodien kannten, stimmten ein: »Der Heiland ist gekommen«; und so sangen sie den Gesang zu Ende, indem sie alle um des Vaters Lehnstuhl herumstanden. Nur in den Pausen hörte man in der Küche das Hantieren der Mutter und das Prasseln der Apfelkuchen. – –

Tick, tack! ging es wieder; tick, tack! immer härter und eindringlicher. Marthe fuhr empor; da war es fast dunkel um sie her, draußen auf dem Schnee nur lag trüber Mondschein. Außer dem Pendelschlag der Uhr war es totenstill im Hause. Keine Kinder sangen in der kleinen Stube, kein Feuer prasselte in der Küche. Sie war ja ganz allein zurückgeblieben; die andern waren alle, alle fort. – Aber was wollte die alte Uhr denn wieder? – Ja, da warnte es auf elf – und ein anderer Weihnachtabend tauchte in Marthens Erinnerung auf, ach! ein ganz anderer; viele, viele Jahre später! Der Vater und die Brüder waren tot, die Schwestern verheiratet; die Mutter, welche nun mit Marthen allein geblieben war, hatte schon längst des Vaters Platz im braunen Lehnstuhl eingenommen und ihrer Tochter die kleinen Wirtschaftssorgen übertragen; denn sie kränkelte seit des Vaters Tode, ihr mildes Antlitz wurde immer blässer, und ihre freundlichen Augen blickten immer matter; endlich musste sie auch den Tag über im Bette bleiben. Das war schon über drei Wochen, und nun war es Weihnachtabend. Marthe saß an ihrem Bett und horchte auf den Atem der Schlummernden; es war totenstill in der Kammer, nur die Uhr pickte. Da warnte es auf elf, die Mutter schlug die Augen auf und verlangte zu trinken. »Marthe«, sagte sie, »wenn es erst Frühling wird und ich wieder zu Kräften gekommen bin, dann wollen wir deine Schwester Hanne besuchen; ich habe ihre Kinder eben im Traume gesehen – du hast hier gar zu wenig Vergnügen.« – Die Mutter hatte ganz vergessen, dass Schwester Hannes Kinder im Spätherbst gestorben waren; Marthe erinnerte sie auch nicht daran, sie nickte schweigend mit dem Kopf und fasste ihre abgefallenen Hände. Die Uhr schlug elf. –

Auch jetzt schlug sie elf – aber leise, wie aus weiter, weiter Ferne. –

Da hörte Marthe einen tiefen Atemzug; sie dachte, die Mutter wolle wieder schlafen. So blieb sie sitzen, lautlos, regungslos, die Hand der Mutter noch immer in der ihren; am Ende verfiel sie in einen schlummerähnlichen Zustand. Es mochte so eine Stunde vergangen sein; da schlug die Uhr zwölf! – Das Licht war ausgebrannt, der Mond schien hell ins Fenster; aus den Kissen sah das bleiche Gesicht der Mutter. Marthe hielt eine kalte Hand in der ihrigen. Sie ließ diese kalte Hand nicht los, sie saß die ganze Nacht bei der toten Mutter. –

So saß sie jetzt bei ihren Erinnerungen in derselben Kammer, und die alte Uhr pickte bald laut, bald leise; sie wusste von allem, sie hatte alles miterlebt, sie erinnerte Marthe an alles, an ihre Leiden, an ihre kleinen Freuden. –

Ob es noch so gesellig in Marthens einsamer Kammer ist? Ich weiß es nicht; es sind viele Jahre her, seit ich in ihrem Hause wohnte, und jene kleine Stadt liegt weit von meiner Heimat. – Was Menschen, die das Leben lieben, nicht auszusprechen wagen, pflegte sie laut und ohne Scheu zu äußern: »Ich bin niemals krank gewesen; ich werde gewiss sehr alt werden.«

Ist ihr Glaube ein richtiger gewesen, und sollten diese Blätter den Weg in ihre Kammer finden, so möge sie sich beim Lesen auch meiner erinnern. Die alte Uhr wird helfen; sie weiß ja von allem Bescheid.

Eine Dämmerstunde

In der traurig-schönen Novelle »Unter dem Tannenbaum« (1862) lassen sich einige Parallelen zu Storms Leben finden. Paul, der Vater der kleinen Familie, ist Amtsrichter und musste seiner politischen Einstellung wegen aus der Heimat fliehen. Storm selbst war Anhänger der schleswig-holsteinischen Bewegung, die sich gegen die Herrschaft Dänemarks in Schleswig und Holstein richtete. 1852 verlor er aufgrund dessen seine Zulassung als Rechtsanwalt und musste emigrieren. Erst 1864 konnte er nach der Niederlage Dänemarks im Deutsch-Dänischen Krieg wieder zurück nach Husum kehren. Doch bis dahin sollte ihn angesichts der fremden Sitten und Gebräuche das Heimweh plagen – ein Gefühl, das vor allem bei großen Festen wohl am tiefsten empfunden wird. Auch der Amtsrichter Paul erinnert sich im ersten Teil der Novelle gemeinsam mit seiner Frau Ellen voller Wehmut an vergangene Zeiten.

Es war das Arbeitszimmer eines Beamten. Der Eigentümer, ein Mann in den Vierzigern, mit scharf ausgeprägten Gesichtszügen, aber milden, lichtblauen Augen unter dem schlichten, hellblonden Haar, saß an einem mit Büchern und Papieren bedeckten Schreibtisch, damit beschäftigt, einzelne Schriftstücke zu unterzeichnen, welche der danebenstehende alte Amtsbote ihm überreichte. Die Nachmittagssonne des Dezember beleuchtete eben mit ihrem letzten Strahl das große schwarze Tintenfass, in das er dann und wann die Feder tauchte. Endlich war alles unterschrieben.

»Haben Herr Amtsrichter sonst noch etwas?«, fragte der Bote, indem er die Papiere zusammenlegte.

»Nein, ich danke Ihnen.«

»So habe ich die Ehre, vergnügte Weihnachten zu wünschen.«

»Auch Ihnen, lieber Erdmann.«

Der Bote sprach einen der mitteldeutschen Dialekte; in dem Tone des Amtsrichters war etwas von der Härte jenes nördlichsten deutschen Volksstammes, der vor wenigen Jahren, und diesmal vergeblich, in einem seiner alten Kämpfe mit dem fremden Nachbarvolke geblutet hatte. – Als sein Untergebener sich entfernte, nahm er unter den Papieren einen angefangenen Brief hervor und schrieb langsam daran weiter.

Die Schatten im Zimmer fielen immer tiefer. Er sah nicht die schlanke Frauengestalt, die hinter ihm mit leisen Schritten durch die Tür getreten war; er bemerkte es erst, als sie den Arm um seine Schulter legte. – Auch ihr Antlitz war nicht mehr jung; aber in ihren Augen war noch jener Ausdruck von Mädchenhaftigkeit, den man bei Frauen, die sich geliebt wissen, auch noch nach der ersten Jugend findet. »Schreibst du an meinen Bruder?«, fragte sie, und in ihrer Stimme, nur etwas mehr gemildert, war dieselbe Klangfarbe wie in der ihres Mannes.

Er nickte. »Lies nur selbst!«, sagte er, indem er die Feder fortlegte und zu ihr emporsah.

Sie beugte sich über ihn herab; denn es war schon dämmerig geworden. So las sie, langsam wie er geschrieben hatte:

»Ich bin wieder gesund und arbeitsfähig, – glücklicherweise; denn das ist die Not der Fremde, dass man den Boden, worauf man steht, sich in jeder Stunde neu erschaffen muss. So schlecht es immer sein mag, darin habt Ihr es doch gut daheim; und wer wäre nicht gern geblieben, wenn er nur ein Stück Brot und jenes unentbehrliche ›sanfte Ruhekissen‹ des alten Sprichworts sich hätte erhalten können.«

Sie legte schweigend die Hand auf seine Stirn, während er, der ihren Augen gefolgt war, das Blatt umwandte. Dann las sie weiter:

»Der guten und klugen Frau, die Du vorige Weihnachten bei uns hast kennen lernen, bin ich so glücklich gewesen, durch die Vermittlung eines Vergleichs mit ihrem Gutsnachbarn einen wirklichen Dienst zu leisten; der schöne, so sehr von ihr begehrte Wald ist seit kurzem endlich in ihren Besitz gelangt. Hätten wir morgen für Deinen Freund Harro nur eine Tanne aus diesem Walde; denn hier ist viele Meilen in die Runde kein Nadelholz zu finden. Was aber ist ein Weihnachtsabend ohne jenen Baum mit seinem Duft voll Wunder und Geheimnis!«

»Aber du«, sagte der Amtsrichter, als seine Frau gelesen hatte, »du bringst in deinen Kleidern den Duft des echten Weihnachtsabends!«

Sie langte lächelnd in den Schlitz ihres Kleides und legte ein großes Stück braunen Weihnachtskuchen vor ihm auf den Tisch. »Sie sind eben vom Bäcker gekommen«, sagte sie, »prob nur; deine Mutter backt sie dir nicht besser!«

Er brach einen Brocken ab und prüfte ihn genau; aber er fand alles, was ihn als Knaben daran entzückt hatte; die Masse war glashart, die eingerollten Stückchen Zucker wohl zergangen und kandiert. »Was für gute Geister aus diesem Kuchen steigen«, sagte er, sich in seinen Arbeitsstuhl zurücklehnend; »ich sehe plötzlich, wie es daheim in dem alten steinernen Hause Weihnacht wird. – Die Messingtürklinken sind womöglich noch blanker als sonst; die große gläserne Flurlampe leuchtet heute noch heller auf die Stuckschnörkel an den sauber geweißten Wänden; ein Kinderstrom um den andern, singend und bettelnd, drängt durch die Haustür; vom Keller herauf aus der geräumigen Küche zieht der Duft des Gebäcks in ihre Nasen, das dort in dem großen kupfernen Kessel über dem Feuer prasselt. – Ich sehe alles; ich sehe Vater und Mutter – Gott sei gedankt, sie leben beide! Aber die Zeit, in die ich hinabblicke, liegt in so tiefer Ferne der Vergangenheit! – – Ich bin ein Knabe noch! – Die Zimmer zu beiden Seiten des Flurs sind erleuchtet; rechts ist die Weihnachtsstube. Während ich vor der Tür stehe, horchend, wie es drinnen in dem Knittergold und in den Tannenzweigen rauscht, kommt von der Hoftreppe herauf der Kutscher, eine Stange mit einem Wachslichtendchen in der Hand. – ›Schon anzünden, Thoms?‹ Er schüttelt schmunzelnd den Kopf und verschwindet in die Weihnachtsstube. – Aber wo bleibt denn Onkel Erich? – – Da kommt es draußen die Treppe hinauf; die Haustür wird aufgerissen. Nein, es ist nur sein Lehrling, der die lange Pfeife des ›Herrn Ratsverwandters‹ bringt; ihm nach quillt ein neuer Strom von Kindern; zehn kleine Kehlen auf einmal stimmen an: ›Vom Himmel hoch, da komm ich her!‹ Und schon ist meine Großmutter mitten zwischen ihnen, die alte, geschäftige Frau, den Speisekammerschlüssel am kleinen Finger, einen Teller voll Gebäcks in der Hand. Wie blitzschnell das verschwindet! Auch ich erwische mein Teil davon, und eben kommt auch meine Schwester mit dem Kindermädchen, festlich gekleidet, die langen Zöpfe frisch geflochten. Ich aber halte mich nicht auf; ich springe drei Stufen auf einmal die Treppe nach dem Hof hinab.«

Es war allmählich dunkel geworden; die Frau des Amtsrichters hatte leise einen Aktenstoß von einem Stuhl entfernt und sich an die Seite ihres Mannes gesetzt.

»Drüben in dem Seitengebäude ist das Arbeitszimmer meines Vaters. Auf die Vordiele dort fällt heute kein Lichtschein aus dem Türfenster der Schreiberstube; der alte Tausendkünstler ist von meiner Mutter drinnen bei den Weihnachtsgeheimnissen angestellt. Aber ich tappe mich im Dunkeln vorwärts; denn gegenüber in seinem Zimmer höre ich die Schritte meines Vaters. Er arbeitet schon nicht mehr. Ich öffne leise die Tür; wie deutlich sehe ich ihn vor mir, ihn selbst und das große, verräucherte Gemach, in dem der harte Schlag der alten Wanduhr pickt! Mit einer feierlichen Unruhe geht er zwischen den mit Papieren bedeckten Tischen umher, in der einen Hand den Messingleuchter mit der brennenden Kerze, die andere vorgestreckt, als solle jetzt alles Störende ferngehalten werden. Er öffnet die Schublade seines kleinen Stehpults und nimmt die große goldene Tabatiere aus der Fischhautkapsel, einst ein Geschenk der Urgroßmutter an ihren Bräutigam, dann nach des Urgroßvaters Tode eine Ehren- und Vertrauensgabe an ihn. Aber er ist noch nicht fertig; aus dem Geldkörbchen werden blanke Silbermünzen für die Dienstboten hervorgesucht, eine Goldmünze für den Schreiber. ›Ist Onkel Erich schon da?‹, fragt er, ohne sich nach mir umzusehen. – ›Noch nicht, Vater! Darf ich ihn holen?‹ – ›Das könntest du ja tun.‹ Und fort renne ich durch das Wohnhaus auf die Straße, um die Ecke am Hafen entlang, und während ich drunten aus der Dämmerung das Pfeifen des Windes in den Tauen der Schiffe höre, habe ich das alte Giebelhaus mit dem Vorbau erreicht. Die

Tür wird aufgerissen, dass die Klingel weithin durch Flur und Pesel schallt. – Vor dem Ladentisch steht der alte Kommis, der das Detailgeschäft leitet. Er sieht mich etwas grämlich an. ›Der Herr ist in seinem Kontor‹, sagte er trocken; er liebt die wilde naseweise Range nicht. Aber, was geht's mich an. – Fort mach ich hinten zur Hoftür hinaus, über zwei kleine finstere Höfe, dann in ein uraltes seltsames Nebengebäude, in welchem sich das Allerheiligste des Onkels befindet. Ohne Unfall komme ich durch den engen dunkeln Gang und klopfe an eine Tür. – ›Herein!‹ Da sitzt der kleine Herr in dem feinen braunen Tuchrock an seinem mächtigen Arbeitspult; der Schein der Kontorlampe fällt auf seine freundlichen kleinen Augen und auf die mächtige Familiennase, die über den frisch gestärkten Vatermördern hinausragt. – ›Onkel, ob du nicht kommen wolltest?‹, sage ich, nachdem ich Atem geschöpft habe. – ›Wollen wir uns noch *einen* Augenblick setzen!‹, erwidert er, indem seine Feder summierend über das Folium des aufgeschlagenen Hauptbuchs hinabgleitet. – Mir wird ganz behaglich zu Sinne, ich werde nicht ein bisschen ungeduldig; aber ich setze mich auch nicht; ich bleibe stehen und besehe mir die Englands- und Westindienfahrer des Onkels, deren Bilder an der Wand hängen. Es dauert auch nicht lange, so wird das Hauptbuch herzhaft zugeklappt, der Schlüsselbund rasselt und: ›Sieh so‹, sagt der Onkel, ›fertig wären wir!‹ Während er sein spanisches Rohr aus der Ecke langt, will ich schon wieder aus der Tür; aber er hält mich zurück. ›Ah, wart doch mal ein wenig! Wir hätten hier wohl noch so etwas mitzunehmen.‹ Und aus einer dunkeln Ecke des Zimmers holt er zwei wohlversiegelte, geheimnisvolle Päckchen. – Ich wusste es wohl, in solchen Päckchen steckte ein Stück leibhaftigen Weihnachtens; denn der Onkel hatte einen Bruder in Hamburg, und er trat nicht mit leeren Händen an den Tannenbaum. So nie gesehenes, märchenhaftes Zuckerzeug, wie er mitten in der Bescherung noch mir und meiner Schwester auf unsere Weihnachtsteller zu legen pflegte, ist mir später niemals wieder vorgekommen.

Bald darauf steige ich an der Hand des Onkels die breite Steintreppe zu unserm Hause hinauf. Ein paar Augenblicke verschwindet er mit seinen Päckchen in die Weihnachtsstube; es ist noch nicht angezündet, aber durch die halb geöffnete und rasch wieder geschlossene Tür glitzert es mir entgegen aus der noch drinnen herrschenden ahnungsvollen Dämmerung. Ich schließe die Augen, denn ich will nichts sehen, und trete in das gegenüberliegende, festlich erleuchtete Zimmer, das ganz von dem Duft der braunen Kuchen und des heute besonders fein gemischten Tees erfüllt ist. Die Hände auf dem Rücken mit langsamen Schritten geht mein Vater auf und nieder. ›Nun, seid ihr da?‹, fragt er stehenbleibend. – Und schon ist auch Onkel Erich bei uns; mir scheint, die Stube wird noch einmal so hell, da er eintritt. Er grüßt die Großmutter, den Vater; er nimmt meiner Schwester die Tasse ab, die sie ihm auf dem gelblackierten Brettchen präsentiert. ›Was meinst du‹, sagte er, indem er seinen Augen einen bedenklichen Ausdruck zu geben sucht, ›es wird wohl heute nicht viel für uns abfallen!‹ Aber er lacht dabei so tröstlich, dass diese Worte wie eine goldene Verheißung klingen. Dann, während in dem blanken Messingkomfort der Teekessel saust, beginnt er eine seiner kleinen Erzählungen von den Begebenheiten der letzten Tage, seit man sich nicht gesehen. War es nun der

Ankauf eines neuen Spazierstocks oder das unglückliche Zerbrechen einer Mundtasse, es floss alles so sanft dahin, dass man ganz davon erquickt wurde. Und wenn er gar eine Pause machte, um das bisher Erzählte im behaglichsten Gelächter nachzugenießen, wer hätte da nicht mitgelacht! Mein Vater nimmt vergeblich seine kritische Prise; er muss endlich doch mit einstimmen. Dies harmlose Geplauder – es ist mir das erst später klar geworden – war die Art, wie der tätige Geschäftsmann von der Tagesarbeit ausruhte. Es klingt mir noch lieb in der Erinnerung, und mir ist, als verstände das jetzt niemand mehr. – Aber während der Onkel so erzählt, steckt plötzlich meine Mutter, die seit Mittag unsichtbar gewesen ist, den Kopf ins Zimmer. Der Onkel macht ein Kompliment und bricht seine Geschichte ab; die Tür und die gegenüberliegende Tür werden weit geöffnet. Wir treten zögernd ein; und vor uns, zurückgestrahlt von dem großen Wandspiegel, steht der brennende Baum mit seinen Flittergoldfähnchen, seinen weißen Netzen und goldenen Eiern, die wie Kinderträume in den dunkeln Zweigen hängen.« – –

»Paul«, sagte die Frau, »und wenn wir ihn noch so weit herbeischaffen sollten, wir müssen wieder einen Tannenbaum haben. Der arme Junge hat sich selbst einen Weihnachtsgarten gebaut; er ist nur eben wieder fort, um Moos aus dem Eichenwäldchen zu holen.«

Der Amtsrichter schwieg einen Augenblick. – »Es tut nicht gut, in die Fremde zu gehen«, sagte er dann, »wenn man daheim schon am eigenen Herd gesessen hat. – Mir ist noch immer, als sei ich hier nur zu Gaste, und morgen oder übermorgen sei die Zeit herum, dass wir alle wieder nach Hause müssten!«

Sie fasste die Hand ihres Mannes und hielt sie fest in der ihrigen, aber sie antwortete nichts darauf.

»Gedenkst du noch an eine Weihnachten?«, hub er wieder an. »Ich hatte die Studentenjahre hinter mir und lebte nun noch einmal, zum letzten Mal, eine kurze Zeit als Kind im elterlichen Hause. Freilich war es dort nicht mehr so heiter, wie es einst gewesen; es war Unvergessliches geschehen, die alte Familiengruft unter der großen Linde war ein paar Mal offen gewesen; meine Mutter, die unermüdlich tätige Frau, ließ oft mitten in der Arbeit die Hände sinken und stand regungslos, als habe sie sich selbst vergessen. Wie unsere alte Margret sagte, sie trug ein Kämmerchen in ihrem Kopf, drin spielte ein totes Kind. – Nur Onkel Erich, freilich ein wenig grauer als sonst, erzählte noch seine kleinen freundlichen Geschichten, und auch die Schwester und die Großmutter lebten noch. Damals war jener Weihnachtsabend; ein junges schönes Mädchen war zu der Schwester auf Besuch gekommen. Weißt du, wie sie hieß?«

»Ellen«, sagte sie leise und lehnte den Kopf an die Brust ihres Mannes.

Der Mond war aufgegangen und beleuchtete ein paar Silberfäden in dem braunen seidigen Haar, das sie schlicht gescheitelt trug, schmucklos in einer Flechte um den Schildpattkamm gelegt.

Er strich mit der Hand über dies noch immer selten schöne Haar. »Ellen hatte auch beschert bekommen«, sprach er weiter; »auf dem kleinen Mahagonitische lagen Geschenke von meiner Mutter und was von ihren Eltern von drüben aus dem Schwesterlande herübergeschickt war. Sie stand mit dem Rücken gegen den brennenden Baum, die Hand auf die Tischplatte gestützt; sie stand schon lange so; ich sehe sie noch« – und er ließ seine Augen eine Weile schweigend auf dem schönen Antlitz seiner Frau ruhen – »da war meine Mutter unbemerkt zu ihr getreten; sie fasste sanft ihre Hand und sah ihr fragend in die Augen. – Ellen blickte nicht um, sie neigte nur den Kopf; plötzlich aber richtete sie sich rasch auf und entfloh ins Nebenzimmer. Weißt du es noch? Während meine Mutter leise den Kopf schüttelte, ging ich ihr nach; denn seit einem kleinen Zank am letzten Abend waren wir vertraute Freunde. Ellen hatte sich in der Ofenecke auf einen Stuhl gesetzt; es war fast dunkel dort; nur eine vergessene Kerze mit langer Schnuppe brannte in dem Zimmer. ›Hast du Heimweh, Ellen?‹, fragte ich. – ›Ich weiß es nicht!‹ – Eine Weile stand ich schweigend vor ihr. ›Was hast du denn da in der Hand?‹ – ›Willst du es haben?‹ – Es war eine Börse von dunkelroter Seide. ›Wenn du sie für mich gemacht hast‹, sagte ich; denn ich hatte die Arbeit in den Tagen zuvor in ihren Händen gesehen und wohl bemerkt, wie Ellen sie, sobald ich näher kam, in ihrem Nähkästchen verschwinden ließ. – Aber Ellen antwortete nicht und gab mir auch nicht ihr Angebinde. Sie stand auf und putzte das Licht, dass es plötzlich ganz hell im Zimmer wurde. ›Komm‹, sagte sie, ›der Baum brennt ab, und Onkel Erich will noch Zuckerzeug bescheren!‹ Damit wehte sie sich mit ihrem Schnupftuch ein paar Mal um die Augen und ging in die Weihnachtsstube zurück, und als wir dann später am Pochbrett saßen, war sie die Ausgelassenste von allen. Von meinem Weihnachtsgeschenk war weiter nicht die Rede. – – Aber weißt du, Frau?« – Und er ließ ihre Hand los, die er bis dahin festgehalten. »Die Mädchen sollten nicht so eigensinnig sein; das hat mir damals keine Ruh gelassen; ich musste doch die Börse haben, und darüber –«

»Darüber, Paul? – Sprich nur dreist heraus!«

»Nun, hast du denn von der Geschichte nichts gehört? darüber bekam ich nun auch noch das Mädchen in den Kauf.«

»Freilich«, sagte sie, und er sah bei dem hellen Mondschein in ihren Augen etwas blitzen, das ihn an das übermütige Mädchen erinnerte, das sie einst gewesen, »freilich weiß ich von der Geschichte, und ich kann sie dir auch erzählen; aber es war ein Jahr später, nicht am Weihnachts-, sondern am Neujahrsabend, und auch nicht hüben, sondern drüben.«

Sie räumte das Tintenfass und einige Papiere beiseite und setzte sich ihrem Manne gegenüber auf den Schreibtisch. »Der Vetter war bei Ellens Eltern zum Besuch, bei dem alten prächtigen Kirchspielvogt, der damals noch ein starker Nimrod war. – Ellen hatte noch niemals einen so schönen und langen Brief bekommen als den, worin der Vetter sich bei ihnen angemeldet; aber so gut wie mit der Feder wusste er mit der Flinte nicht umzugehen. Und dennoch, tat es die Landluft oder der schöne Gewehrschrank im Zimmer des Kirchspielvogts, es war nicht anders, er musste alle Tage auf die Jagd. Und wenn er dann abends durchnässt mit leerer Tasche nach Hause kam und die Flinte schweigend in die Ecke setzte – wie behaglich ergingen sich da die Stichelreden des alten Herrn! – ›Das heißt Malheur, Vetter; aber die Hasen sind heuer alle wild geraten!‹ – Oder: ›Mein Herzensjunge, was soll die Diana einmal von dir denken!‹ Am meisten aber – – du hörst doch, Paul?«

»Ich höre, Frau.«

»Am meisten plagte ihn die Ellen; sie setzte ihm heimlich einen Strohkranz auf, sie band ihm einen Gänseflügel vor den Flintenlauf; eines Vormittags – weißt du, es war Schnee gefallen – hatte sie einen Hasen, den der Knecht geschossen, aus der Speisekammer geholt, und eine Weile darauf saß er noch einmal auf seinem alten Futterplatz im Garten, als wenn er lebte, ein Kohlblatt zwischen den Vorderläufen. Dann hatte sie den Vetter gesucht und an die Hoftür gezogen. ›Siehst du ihn, Paul? dahinten im Kohl; die Löffel gucken aus dem Schnee!‹ – Er sah ihn auch; seine Hand zitterte. ›Still, Ellen! Sprich nicht so laut! Ich will die Flinte holen!‹ Aber als kaum die Tür nach des Vaters Stube hinter ihm zuklappte, war Ellen schon wieder in den Schnee hinausgelaufen, und als er endlich mit der geladenen Flinte heranschlich, hing auch der Hase schon wieder an seinem sicheren Haken in der Speisekammer. – Aber der Vetter ließ sich geduldig von ihr plagen.«

»Freilich«, sagte der Amtsrichter und legte seine Arme behaglich auf die Lehne seines Sessels, »er hatte ja die Börse noch immer nicht!«

»Drum auch! Die lag noch unangerührt droben in der Kommode, in Ellens Giebelstübchen. Aber – wo die Ellen war, da war der Vetter auch; heißt das, wenn er nicht auf der Jagd war. Saß sie drinnen an ihrem Nähtisch, so hatte er gewiss irgendein Buch aus der Polterkammer geholt und las ihr daraus vor; war sie in der Küche und backte Waffeln, so stand er neben ihr, die Uhr in der Hand, damit das Eisen zur rechten Zeit gewendet würde. – So kam die Neujahrsnacht. Am Nachmittage hatten beide auf dem Hofe mit des Vaters Pistolen nach goldenen Eiern geschossen, die Ellen vom Weihnachtsbaum ihrer Geschwister abgeschnitten; und der Vetter hatte unter dem Händeklatschen der Kleinen zweimal das goldene Ei getroffen. Aber war's nun, weil er am andern Tage reisen musste, oder war's, weil Ellen fortlief, als er sie vorhin allein in ihrem Zimmer aufgesucht hatte – es war gar nicht mehr der geduldige Vetter – er tat kurz und unwirsch und sah kaum nach ihr hin. – Das blieb den ganzen Abend so; auch als man später sich zu Tisch setzte. Ellens Mutter warf wohl einmal einen fragenden Blick auf die beiden, aber sie sagte nichts darüber. Der Kirchspielvogt hatte auf andere Dinge zu achten, er schenkte den Punsch, den er eigenhändig gebraut hatte; und als es drunten im Dorfe zwölf schlug, stimmte er das alte Neujahrslied von Johann Heinrich Voß an das nun getreulich durch alle Verse abgesungen wurde. Dann rief man ›Prost Neujahr!‹ und schüttelte sich die Hände, und auch Ellen reichte dem Vetter ihre Hand; aber er berührte kaum ihre Fingerspitzen. – So war's auch, da man sich bald darauf gute Nacht sagte. – Als das Mädchen droben allein in ihrem Giebelstübchen war – und nun merk auf, Paul, wie ehrlich ich erzähle! –, da hatte sie keine Ruh zum Schlafen; sie setzte sich still auf die Kante ihres Bettes, ohne sich auszukleiden und ohne der klingenden Kälte in der ungeheizten Kammer zu achten. Denn es kränkte sie doch; sie hatte dem Menschen ja nichts zuleid getan. Freilich, er hatte sie gestern noch gefragt, ob sie den Hasen nicht wieder im Kohl gesehen; und sie hatte dazu den Kopf geschüttelt. – War es etwa das, und wusste er denn, dass er den Hasen schon vor drei Tagen selbst hatte mit verzehren helfen? – – Sie wollte den schönen Brief des Vetters einmal wieder lesen. Aber als sie in die Tasche langte, vermisste sie den Kommodenschlüssel. Sie ging mit dem Lichte hinab in die Wohnstube, und von dort, als sie ihn nicht gefunden, in die Küche, wo sie vorhin gewirtschaftet hatte. Von all dem Sieden und Backen des Abends war es noch warm in dem großen dunkeln Raume. Und richtig, dort lag der Schlüssel auf dem Fensterbrett. Aber sie stand noch einen Augenblick und blickte durch die Scheiben in die Nacht hinaus. – So hell und weit dehnte sich das Schneefeld; dort unten zerstreut lagen die schwarzen Strohdächer des Dorfes; unweit des Hauses zwischen den kahlen Zweigen der Silberpappeln erkannte sie deutlich die großen Krähennester; die Sterne funkelten. Ihr fiel ein alter Reim ein, ein Zauberspruch, den sie vor Jahr und Tag von der Tochter des Schulmeisters gelernt hatte. Hinter ihr im Hause war es so still und leer; sie schauerte; aber trotz dessen wuchs in ihr das Gelüste, es mit den unheimlichen Dingen zu versuchen. So trat sie zögernd ein paar Schritte zurück. Leise zog sie den einen Schuh vom Fuße, und die Augen nach den Sternen und tief aufatmend sprach sie: ›Gott grüß dich, Abendstern!‹ – – Aber was war das? Ging hinten nicht die Hoftür? Sie trat ans Fenster und horchte. – Nein, es knarrte wohl nur die große Pappel an der Giebelseite des Hauses. – Und noch einmal hub sie leise an und sprach:

›Gott grüß dich, Abendstern!
Du scheinst so hell von fern,
Über Osten, über Westen,
Über alle Krähennesten.
Ist einer zu mein Liebchen geboren,
Ist einer zu mein Liebchen erkoren,
Der komm, als er geht,
    Als er steht,
In sein täglich Kleid!‹

Dann schwenkte sie den Schuh und warf ihn hinter sich. Aber sie wartete vergebens; sie hörte ihn nicht fallen. Ihr wurde seltsam zumute, das kam von ihrem Vorwitz! Welch unheimlich Ding hatte ihren Schuh gefangen, eh er den Boden erreicht hatte? – Einen Augenblick noch stand sie so; dann mit dem letzten Restchen ihres Mutes wandte sie langsam den Kopf zurück. – Da stand ein Mann in der dunkeln Tür, und es war Paul; er war richtig noch einmal auf den unglücklichen Hasen aus gewesen!«

»Nein, Ellen«, sagte der Amtsrichter, »du weißt es wohl; das war es denn doch diesmal nicht; er hatte nur, wie du, auch keine Ruh gefunden; – aber nun hielt er den kleinen Schuh des Mädchens in der Hand; und Ellen hatte sich am Herd auf einen Stuhl gesetzt, mit geschlossenen Augen, die Hände gefaltet vor sich in den Schoß gestreckt. Es war kein Zweifel mehr, dass sie sich ganz verloren gab; denn sie wusste wohl, dass der Vetter alles gehört und gesehen hatte. – Und weißt du auch noch die Worte, die er zu ihr sprach?«

»Ja, Paul, ich weiß sie noch; und es war sehr grausam und wenig edel von ihm. ›Ellen‹, sagte er, ›ist noch immer die Börse nicht für mich gemacht?‹ – Doch Ellen tat ihm auch diesmal den Gefallen nicht; sie stand auf und öffnete das Fenster, dass von draußen die Nachtluft und das ganze Sterngefunkel zu ihnen in die Küche drang.«

»Aber«, unterbrach er sie, »Paul war zu ihr getreten, und sie legte still den Kopf an seine Brust; und noch höre ich den süßen Ton ihrer Stimme, als sie so, in die Nacht hinausnickend, sagte: ›Gott grüß dich, Abendstern!‹«

Die Tür wurde rasch geöffnet; ein kräftiger, etwa zehnjähriger Knabe trat mit einem brennenden Licht ins Zimmer. »Vater! Mutter!«, rief er, indem er die Augen mit der Hand beschattete. »Hier ist Moos und Efeu und auch noch ein Wacholderzweig!«

Der Amtsrichter war aufgestanden. »Bist du da, mein Junge?«, sagte er und nahm ihm die Botanisiertrommel mit den heimgebrachten Schätzen ab.

Frau Ellen aber ließ sich schweigend von dem Schreibtisch herabgleiten und schüttelte sich ein wenig wie aus Träumen. Sie legte beide Hände auf ihres Mannes Schultern und blickte ihn eine Weile voll und herzlich an. Dann nahm sie die Hand des Knaben. »Komm, Harro«, sagte sie, »wir wollen Weihnachtsgärten bauen!«

Weihnachten im Herzen

Viele Weihnachtsfeste seiner Kindheit sind Storm unvergessen geblieben. Intensiv erinnert er sich in einem Brief an seine Eltern Johann (1790–1874) und Lucie Storm (1797–1879) an den Weihnachtsabend in seinem Elternhaus in der Hohlen Gasse 3 in Husum, bei dem selbst der Schreiber Clausen und der Kutscher Thomas dabei halfen, die Kerzen anzuzünden. Was schon damals bei keinem Weihnachtfest fehlen durfte, waren die traditionellen Futjens, ein norddeutsches Gebäck, das in einer speziellen Pfanne kugelrund gebacken und an Weihnachten und Silvester verköstigt wird.

Heiligenstadt, 19. Dezember 1858

Wie unendlich gemütlich war das einst vor Jahren, zu Hause, wenn in der großen Stube die Lichter angezündet waren, der Teekessel sauste, die braunen Kuchen und Pfeffernüsse standen auf dem Tisch, Vater und wir Kinder warteten dort auf Lorenzen und Onkel Woldsen, während drüben in der Wohnstube der Weihnachtstisch arrangiert wurde. Ich sehe noch die erleuchtete Außendiele, auf die wir immer, wenn die Haustür ging, ausguckten. Und mir ist, als habe an diesem Abend die Dielenlampe besonders hell gebrannt. Wie oft wurden wir getäuscht, wenn statt der erwarteten Gäste eine Schar singender Kinder in die Haustür drängte. Aber dann ging's erst einmal hinunter in die Küche, wo der große Kessel über dem Herdfeuer stand und wo schon die ersten Futjen auf der Siebschüssel lagen. – Da hörte man oben die Haustür gehen – gewiss da kommen sie und nun wieder treppauf mit einem dampfenden Futjen in der Hand. Auf dem Wege noch einen Blick durch das Hoftürfenster nach Clausen's Comtoir; ja, da war's schon dunkel, der war schon mit Thomas drinnen und half die Kerzen anzünden. Wie kommt mir das alles jetzt groß und hell und weit und ewig begründet vor! Und so ist es auch, wenigstens in meinem Herzen. [...]

»Doch das ist nun vorüber und kehret nimmer so!« (Mörike.) Lebt wohl und gedenkt am Weihnachtsabend unserer so herzlich, wie wir Eurer gedenken werden und seid alle gegrüßt: Vater, Mutter, Emil, Tine und Krebs.

Auch mit seinen Schwiegereltern Ernst (1794–1875) und Elsabe Esmarch (1795–1873) teilt Storm nicht nur seine Vorfreude auf das bevorstehende Fest, sondern ebenso Erinnerungen an zurückliegende Weihnachtsabende.

22. Dezember 1854

[Ich werde] mich lediglich dem Weihnacht widmen, Netze schneiden, Bonbons und Schokolade einwickeln, in Ermanglung von Eiern Kartoffeln vergolden, und die schon auf dem Weihnachtsmarkt gekaufte Tanne mit aller Kinderherrlichkeit behangen. Es wird recht bunt bei uns werden, da Vater aus Husum mit seiner liebevollen Vorsorge die Mittel dazu rechtzeitig übersandt hat; eine lebendige Wachtel in grünem Holzbauer, ein Baukasten, zwei Flinten, die ordentlich mittelst eines Korkpfropfens knallen, eine Menagerie mit süperben Tieren von Papiermaché und Käfigen mit Messingstangen, die hinten eine Tür haben, ein Kramladen, ein großes naturgeschichtliches Bilderbuch, einige Münchner Bilderbogen, ein ausgestopftes

Kaninchen und das Hauptstück: für Carl ein wunderschönes sauber aufgezäumtes Schaukellamm (Preis 4 Rthr); für Constanze eine Muff, ein Glas Eau d. Cologne, Paul Heyses Novellen, und außerdem – Du liebe Mutter erinnerst Dich vielleicht eines kleinen Kätzchens mit einer roten Rose in Perlenstickerei ich meine von Emilie Sommer; das habe ich wieder, wie es gewesen, heimlich zurecht machen lassen, und werde es mit Marzipanbrötchen gefüllt neben den andern Sachen stellen, eine Erinnerung an vergangene Zeit.

Ein Fest für die ganze Familie

»Und nun genug von der Vergangenheit,
wir wollen den Weihnachtsabend nicht vergessen!«

Abseits

Weihnachten bei Familie Storm

Der Heilige Abend ging bei Familie Storm immer kunterbunt zu, denn Storm hatte mit seiner Frau Constanze sieben Kinder: Hans (geb. 1848), Ernst (geb. 1851), Karl (geb. 1853), Lisbeth (geb. 1855), Lucie (geb. 1860), Elsabe (geb. 1863) und Gertrud, genannt Dette (geb. 1865). Im November 1868 folgte das Nesthäkchen Friederike, genannt Dodo, das Storm mit Dorothea Jensen bekam, die er ein Jahr nach dem Tod seiner Frau 1866 geheiratet hatte. Storm galt zwar als strenger Vater, doch war er auch für seine Milde und Güte bekannt. Kein Wunder also, dass zu einem Storm'schen Weihnachtsfest zahlreiche Geschenke für die Kleinen dazugehörten. Und natürlich ließ es sich Storm nicht nehmen, diese in seinen Weihnachtsbriefen ausführlich aufzuzählen, sei es an seine Freunde Hartmuth (1891–1910) und Laura Brinkmann (1823–1906) im Jahr 1851 oder 26 Jahre später an seinen jahrelangen Briefpartner Erich Schmidt (1853–1913).

Husum, Dezember 1851

Hans, der, bis der ersehnte Ruf erscholl, wie eine Stahlfeder, sooft die Tür aufging, gar nicht in der Vorstube zu halten war, wurde denn so mit Spielzeug von allen Seiten überhäuft, dass er eigentlich zu keinem einzelnen ein rechtes Interesse fassen konnte, er bekam 20 verschiedene, zum Teil, größere Sachen, darunter 4 Bilderbücher, und in der Tat die Creme vom diesjährigen Kinderbilderbüchermarkt; Glasbrenners Marzipan, Bürkners Fibel, Deutsches Weihnachtsbuch von Heger u. ein älteres, Speckters Fabeln. Der kleine Ernst hatte an allem die unaussprechlichste Freude, er saß auf der Diele und trommelte auf einer kleinen Trommel, und dann hielt er wieder still, und brach in lauten Triumph und Bewunderung aus, und rief Papa oder Mama oder sonst einen entzückenden Laut aus seiner kleinen Kinderkehle. Der Baum mit seinen Lichtern machte die Luft in dem großen Saal fast glühend, so dass wir die Saaltüren öffnen mussten. Die alte Großmutter saß ganz selig im Sofa bei diesem Kinderschein, sie wünschte uns, dass wir noch viele so schöne Abende verleben möchten; aber es sei wohl ihr letzter; sie habe sich so darauf gefreut noch einmal das Fest mit uns zu erleben, dass sie in den letzten Tagen jede Stunde bis zu diesem Abend gezählt habe. Nachdem der Baum etwa anderthalb Stunden gebrannt hatte, wurden die Lichter ausgetan, wogegen Hans freilich aufs Energischste protestierte, und nun gab es in dem ganz verfinsterten Saal Schattenspiel an der Wand und Transparentkasten. Nach 7 Uhr fuhr dann die hohle Gasse nach Haus und die Kinder waren zu Bett gebracht; der Rest der Gesellschaft besah nun die Bilderbücher, die 24 ersten Münchener Bilderbogen und die Schiefertafelbilder, die ich für Weihnachtsabend angeschafft hatte. Wir saßen in der angenehmsten Wolke von Tannenbaum- und Weihnachtskuchenduft; dann kam noch das unerlässliche Festgericht, Fische und Futjen (so schreib *ich* diese Lieben); und dann war die Polizeistunde und die vollständigste Müdigkeit da. Für ein kleines Mädchen unsrer Waschfrau hatten wir auch einen Weihnachtsteller ausgerichtet; die war auch unser Gast, und wahrscheinlich der seligste. – Das war unser Weihnachten.

Der »neue Tannenbaumschmuck« hat die größte Sensation gemacht; wir hatten damit, wie mit fliegenden Sommer den ganzen Baum durch u. übersponnen, so dass er mit tausend Funken blitzte; Knittergold erwies sich als zu grob dabei, dagegen kamen die Schaumgold Tannenzapfen und der »Märchenzweig« unter dem Gewebe ganz besonders zur Geltung.

An seinen Freund Wilhelm Petersen (1835–1900),
20. Dezember 1878

Husum, 29. Dezember 1877

Ein Weihnachten bei uns ist immer wie ein großer Bazar, obgleich von den 8 Kindern jetzt 3 auswärts waren. Lisbeth schrieb neulich erfreut über die 5 Empfehlungsbriefe, die Frau Lina ihr geschickt; sie wollte sie nach Neujahr benutzen. Auch von Hans gute Nachricht im Übrigen, nur dass er von seinem Asthma dort so zu leiden hat. [...] So war denn gute Weihnachten; dazu erhielt ich einen neuen Fußteppich für mein Zimmer, die Stiche: »Egmont vor seiner Hinrichtung« v. Gallait und »Die heilige Familie« v. Overbek, beide eingerahmt, und die Chodowieckischen Bilder zum Gil Blas von meiner Frau; sie war im letzten Quartal aber auch sehr für richtiges Haushaltungsgeld! [...] Und wirklich, ich hab es an Suppen und Braten gar nicht merken können. Hätten Sie aber diesmal nur die entzückenden Wachspuppen für Dodo u. Dette sehen können! 2 aus Stuttgart von Lisbeth besorgt u. angezogen, eine – die besichtigenden Frauen schrien fast vor Entzücken – von meinem Verehrer dem Zimmermeister und Stadtverordneten Albert Nieß aus Braunschweig; – und dann, die Krone, 2 hölzerne Wiegen, worin zur Not ein Saugkalb hätte geschaukelt werden können, von einem Dorftischler in Jütland gefertigt, »to Vugger«, und von dem trefflichen Maler Thomsen hier holzfarben mit Rosenbouquets lackiert, und darüber auf der einen »Dette«, auf der andern »Dodo« u. darunter »1877«! Und dann im dunkeln Grün des Tannenbaums den berühmten »Märchenzweig«, der die unbestreitbare Erfindung meines Hauses, nämlich des Referendars Ernst ist. (Die Erfindung: Man gehe an einem schönen Dezembertage ins Freie und suche sich einen Lärchentannenzweig, der wohl mit feinen Knötchen u. etlichen Zapfen besetzt ist, kaufe sich ein Buch Schaumgold, setze sich mit guten Weihnachtsgedanken u. entsprechender Zeit u. Geduld dazu und vergülde ihn überall und in allen seinen Ausläufen, und stecke ihn dann, wie angemerket, in das dichte Tannengrün des Baumes, und man wird geheimnisvolle Märchenstimmung fühlen.)

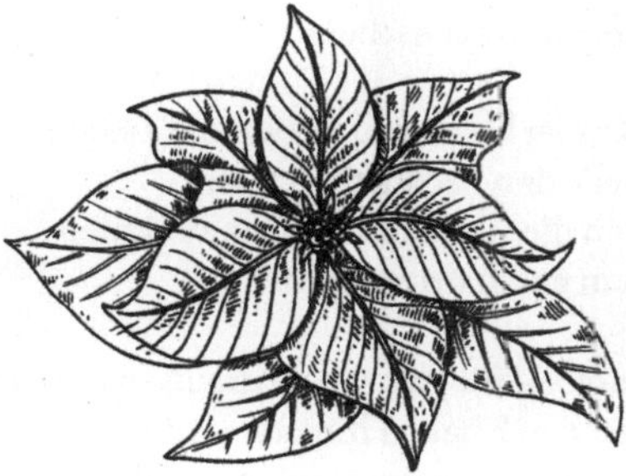

Weihnachtsabend

An die hellen Fenster kommt er gegangen
Und schaut in des Zimmers Raum:
Die Kinder alle tanzten und sangen
Um den brennenden Weihnachtsbaum.

Da pocht ihm das Herz, dass es will zerspringen;
O, ruft er, lasst mich hinein,
Was Frommes, was Fröhliches will ich euch singen
Zu dem hellen Kerzenschein.

Und die Kinder kommen, die Kinder ziehen
Zur Schwelle den nächtlichen Gast;
Still grüßen die Alten, die Jungen umknien
Ihn scheu in geschäftiger Hast.

Und er singt: »Weit glänzen da draußen die Lande
Und locken den Knaben hinaus;
Mit klopfender Brust, im Reisegewande
Verlässt er das Vaterhaus.

Da trägt ihn des Lebens breitere Welle –
Wie war so weit die Welt!
Und es findet sich mancher gute Geselle,
Der's treulich mit ihm hält.

Tief bräunt ihm die Sonne die Blüte der Wangen
Und der Bart umsprosset das Kinn;
Den Knaben, der blond in die Welt gegangen,
Wohl nimmer erkennet ihr ihn.

Aus goldnen und aus blauen Reben
Es mundet ihm jeder Wein;
Und dreister greift er in das Leben
Und in die Saiten ein.

Und für manche Dirne mit schwarzen Locken
Im Herzen findet er Raum; –
Da klingen durch das Land die Glocken,
Ihm war's wie ein alter Traum.

Wohin er kam, die Kinder sangen,
Die Kinder weit und breit,
Die Kerzen brannten, die Stimmlein klangen,
Das war die Weihnachtzeit.

Da fühlte er, dass er ein Mann geworden;
Hier gehörte er nicht dazu.
Hinter den blauen Bergen im Norden
Ließ ihm die Heimat nicht Ruh.

An die hellen Fenster kam er gegangen
Und schaut' in des Zimmers Raum;
Die Schwestern und Brüder tanzten und sangen
Ein Christlied am Taxusbaum.« –

Da war es, als würden lebendig die Lieder
Und nahe, der eben noch fern;
Um den Taxus tanzten Schwestern und Brüder
Und sangen ein Lied vom Herrn.

Da kann er nicht länger das Herz bezwingen,
Er breitet die Arme aus:
O schließet mich ein in das Preisen und Singen,
Ich bin ja der Sohn vom Haus!

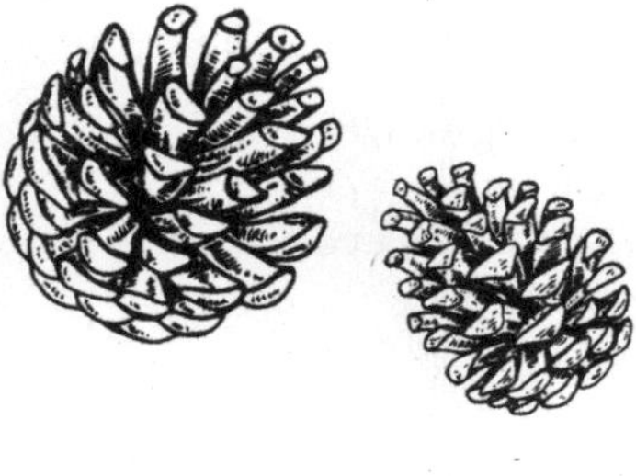

Ein brennendes Geheimnis

Bei Theodor Storm durfte am Heiligen Abend ein Weihnachtsbaum nicht fehlen – und jeder Weihnachtsbaum blieb für ihn unvergessen, zum Beispiel jener aus dem Jahr 1851 in seinem eigenen Husumer Heim, den er seinen Freunden Hartmuth und Laura Brinkmann beschrieb. Aber auch jener vom Weihnachtsfest 1841 in Kiel, von dem er der vierzehnjährigen Bertha von Buchan berichtete. Bertha und ihre Pflegemutter Therese Rowohl (1782–1879) hatte Storm Weihnachten 1836 kennengelernt, als er das Fest nicht im Kreis seiner Familie, sondern bei Verwandten in Altona verbracht hatte. Die Bekanntschaft mit der kleinen Bertha hatte auf Storm solch einen Eindruck gemacht, dass daraus ein reger Briefkontakt und ein Heiratsantrag folgte, den Bertha ablehnte.

Kiel, 31. Januar 1841

Wir haben seit meinem letzten Briefe Weihnacht und Neujahr gehabt, was ich ja alles, wie schon besagt und beklagt, hier in Kiel verleben musste. Indes hatten wir sechs Husumer doch einen Weihnachtsabend, wovon ich Dir wenigstens etwas erzählen will, da das Ganze bei mir gewiss bleibend einen freundlichen Eindruck zurücklassen wird. Ich mit noch einem Freunde arrangierte das Ganze mit aller möglichen Heimlichkeit vor den andern; in einem großen hohen Zimmer stellten wir eine prachtvolle 8 Fuß hohe Tanne auf, schmückten sie reichlich mit goldenen Äpfeln, Eiern, Netzen, Zuckerzeug und vielen bunten Lichtern; von der Spitze zu jeder Seite herab hingen zwei lange weißseidene Fahnen, auf der einen die Wappen von

Schleswig und Holstein, darunter einen Königsspruch, der die bleibende Vereinigung dieser beiden Herzogtümer ausspricht: »wi laven dat Sleswik und Holsten bliven ewig tosamende ungedeelt!« [»Wir glauben, dass Schleswig und Holstein für immer ungeteilt zusammenbleiben!«] – auf der andern Fahne das Husumer Stadtwappen, als Umschrift einen Vers aus einem alten Studentenliede: »Süßer Traum der Kinderjahre, kehr noch einmal uns zurück.« – [...] nachdem wir alle Lichter angezündet hatten, riefen wir die ungeduldigen Kinder zum Christfest. Unsre Einrichtung verfehlte ihren Zweck nicht. So rasch sie bis zur Tür stürmten, so langsam gingen sie hinein; denn der Christbaum ist ein brennendes Geheimnis! Ich sah es wohl, ihre Herzen waren in der Stunde, wie die der Kinder. Engel knieten an der Schwelle, hütend bei dem frommen Schein; von den Lippen klang es helle; nur die Kinder gehen ein!

Husum, Dezember 1851

Ich bin in diesen Tagen ein rechtes Weihnachtskind gewesen; darum wollt Ihr, lieben Freunde, Euch auch nicht wundern, wenn dieser Brief zum Teil von einem Kinde geschrieben wird. Ich sitze hier in unserm Saal, der das Wohnzimmer für die Festtage ist, und vor mir steht der Weihnachtsbaum und welch einer! Die schönste Tanne meines Gartens, mit der Spitze fast an die Decke reichend, mit den untern dicklaubigen Zweigen die Bütte (aus der Setzer'schen Haushaltung durch Detlef entlehnt) überhängend. Zuckerzeug von Meier aus Altona; Schleswig-Holsteinische Dragoner, Trommelschläger, Frösche in natürlicher Größe, Eisele und Beisele, Affen und gelbe Wurzeln, etc. etc. kleine nackte Wachskinder, die jedes Mädchenherz entzücken müssen, schweben auf den Tannenspitzen, unzählige Glaskugeln, goldne Eier, goldne Wallnüsse und Pflaumen, denen ich die Arbeit dreier Feierabende widmete, während Propst Feddersen uns Arnims Appelmänner vorlas, Rosinengirlanden, Rauschgoldstreifen, buntgefüllte weiße Netze, über deren richtige Konstruktion eine ganze Ratsversammlung gehalten worden [...]. Nachdem fünf Personen 6 Stunden damit zugebracht hatten, nur um die Sachen an diesem ungeheuern Baum zu befestigen, wurden denn gestern Abend um 5 Uhr die 60 Wachslichter angezündet; und ich konnte mir mit aufrichtiger Befriedigung sagen: Ein solcher Weihnachtsbaum brennt vielleicht heut Abend in ganz Schleswig-Holstein nicht mehr! (– »Germania, das große Kind, erfreut sich wieder seiner Weihnachtsbäume.« (Heine, Romanzero.)) Übrigens war ich doch eigentlich nicht hochmütig auf meinen Baum; die letzte Phrase ist mir nur heut so nachträglich aufs Papier gekommen. Ein eigenes Gefühl war es aber, dass der Baum noch lebendig ist, und nach Neujahr wieder in die Erde soll. Was wird der den Vögeln zu erzählen haben!

Der erhoffte Weihnachtsgast

Storm liebte es, das Weihnachtfest mit all seinen Lieben zu verbringen. Es lässt sich daher annehmen, dass er die freudige Erwartung gut nachvollziehen konnte, mit der er Carsten Curator in der gleichnamigen Novelle (1878) seinen Sohn vom Bahnhof abholen lässt. Carsten hatte bei der Betreuung einer Vermögenslage die junge Juliane kennen gelernt, sie geheiratet und mit ihr den Sohn Heinrich bekommen. Juliane hatte die Geburt aber nicht überlebt, so dass Carstens Schwester Brigitte die Stelle der Mutter eingenommen und Heinrich zusammen mit Carstens Mündel Anna großgezogen hatte. Zum Leidwesen seines Vaters entwickelte Heinrich aber einen Hang zu einer unsteten Lebensweise, weswegen es den Curator umso mehr gefreut haben dürfte, als er kurz vor Weihnachten die Nachricht erhielt, dass sein Sohn zum Fest nach Hause kommen wollte. Bleibt nur zu hoffen, dass seine Erwartungen nicht enttäuscht werden …

Als aber kurz vor Weihnachten Carstens seinem Sohne den plötzlich eingetroffenen Tod des Senators gemeldet hatte, erfolgte in einigen Tagen schon eine Antwort, worin Heinrich seinen Besuch zum Weihnachtabend ansagte. Eine Geldforderung enthielt der Brief nicht; nicht einmal die Reisekosten hatte er sich ausgebeten.

Es war doch eine Freudenbotschaft, die sofort im Hause verkündigt wurde. Und wie eine glückliche Unruhe kam es über alle, da nun das Fest heranrückte; die Händedrücke, die Carsten im Vorbeigehen mit seiner alten Schwester zu wechseln pflegte, wurden inniger; mitunter haschte er sich die geschäftige Pflegetochter, hielt sie einen Augenblick an beiden Händen und sah ihr zärtlich in die heiteren Augen.

Endlich war der Nachmittag des Heiligen Abends herangekommen. Im Hause hatte eine erwartungsvolle Tätigkeit gewaltet; doch bald schien alles zum Empfange des Christkinds und des Gastes vorbereitet. Vom Arbeitstische, der heute von allen Rechnungs- und Kontobüchern entlastet war, blinkte auf schneeweißem Damast das Teegeschirr mit goldenen Sternchen, während daneben die frischgebackenen Weihnachtskuchen dufteten. Der Tür gegenüber auf der Kommode war Heinrichs Bescherung von den Frauen ausgebreitet: ein Dutzend Strümpfe aus feinster Zephirwolle, woran die sorgsame Tante das ganze Jahr gestrickt hatte; daneben von Annas sauberen Händen eine reichgestickte Atlasweste und eine grünseidene Börse, durch deren Maschen die von Carsten gespendeten Dukaten blinkten. Dieser selbst ging eben in den Keller, um aus seinem bescheidenen Vorrat zwei ganz besondere Flaschen heraufzuholen, die er vor Zeiten von einem dankbaren Schutzbefohlenen zum Geschenk erhalten hatte; es sollte heute einmal nichts gespart werden.

Statt seiner trat Tante Brigitte herein, zwei blankpolierte Leuchter in den Händen, auf denen schneeweiße russische Lichter in ebenso weißen Papiermanschetten steckten, denn schon war die Dämmerung des Heiligen Abends hereingebrochen; draußen zogen schon die Scharen der kleinen Weihnachtsbettler, und ihr Gesang tönte durch die Straßen: »Vom Himmel hoch, da komm ich her.«

Als Carsten wieder eintrat, brannten auch die Lichter schon; die Stube sah ganz festlich aus. Die alten Geschwister wandten die Gesichter gegeneinander und blickten sich herzlich an. »Es wird auch Zeit, Carsten!«, sagte Brigitte; »die Post pflegt immer schon um vier zu kommen.«

Carsten nickte, und nachdem er noch eilig seine Flaschen hinter dem warmen Ofen aufgepflanzt hatte, langte er mit zitternder Hand seinen Hut vom Türhaken.

»Soll ich nicht mit Euch, Ohm?«, rief Anna; »hier ist für mich nichts mehr zu tun.«

– »Nein, nein, mein Kind; das muss ich ganz allein.« Mit diesen Worten nahm er sein Bambusrohr aus dem Uhrgehäuse und ging hinaus.

Das Postgebäude lag derzeit hoch oben in der Norderstraße; aber es war völlig windstill, ein leichter Frostschnee sank ebenmäßig herab. Carsten schritt rüstig vorwärts, ohne rechts oder links zu sehen; als er jedoch fast sein Ziel erreicht hatte, hörte er sich plötzlich angerufen: »He, Freundchen, Freundchen, nehmt mich mit!« Und Herrn Jaspers' selbst in der Dunkelheit nicht zu verkennende Gestalt schritt aus einer Nebenstraße, munter mit dem Schnupftuche winkend, auf ihn zu. »Merk's schon«, sagte er, »Ihr wollt Euern Heinrich von der Post holen? Hab nur gehört, soll ein Staatskerl geworden sein, der junge Schwerenöter!«

»Aber«, sagte Carsten, indem er längere Schritte machte, denen der andere, mit beiden Armen schaukelnd, nachzukommen strebte, »ich dächte, Jaspers, Ihr hättet niemanden zu erwarten!«

»Nein, Gott sei Dank, Carsten! Nein, niemanden! Aber zum Henker, Ihr braucht nicht so zu rennen! – man muss doch sehen, was zum lieben Fest für Gäste kommen.«

Sie waren an einer Straßenecke in der Nähe des Posthauses angelangt, wo sich bereits eine Anzahl Menschen angesammelt hatte, um die Ankunft der Post hier abzuwarten, als Herr Jaspers von einem vorübergehenden Amtsschreiber angerufen wurde.

»Hört Ihr nicht, Jaspers? Der Mann wünscht Euch zu sprechen«, sagte Carsten, der eben aus der Tiefe der Straße das Rummeln eines schweren Wagens heraufkommen hörte.

Aber der andere stand wie gemauert. [...] und gleich darauf rollte auch der schwerfällige Wagen vor die Tür des Posthauses, in den matten Schein, den die darüber befindliche Laterne auf die leicht beschneite Straße hinauswarf. Dann sprang der Postillion vom Bock, vom Schirrmeister wurde die Wagentür aufgerissen, und die Leute drängten sich herzu, um die Fahrgäste aussteigen zu sehen.

Carsten war etwas zurück im Schatten der Mauer stehen geblieben. Da er von hoher Statur war, so konnte er auch von hier aus die in Mäntel und Pelze vermummten Gestalten, welche eine nach der anderen aus dem Wagenkasten auf die Straße traten, deutlich genug erkennen.

»Niemand mehr darin?«, frug der Schirrmeister.

»Nein, nein!«, tönte es von mehreren Seiten; und die Wagentür wurde zugeworfen.

Carsten umklammerte die Krücke seines Stockes und stützte sich darauf; sein Heinrich war nicht gekommen. – Er blickte wie abwesend auf die dampfenden Pferde, die auf dem Pflaster scharrten und klirrend ihre Messingbehänge schüttelten, und wollte sich endlich schon zum Gehen wenden, als er bemerkte, dass er hier nicht der einzige Getäuschte sei. Eine junge Dirne hatte sich an den Postillion herangemacht, der eben die Decken über seine Tiere warf, und schien ihn mit aufgeregten Fragen zu bedrängen. »Ja, ja, Mamsellchen«, hörte er diesen antworten, »es kann noch immer sein; es kommt noch eine Beichaise.«

»Noch eine Beichaise!« Carsten wiederholte die Worte unwillkürlich; ein tiefer Atemzug entrang sich seiner Brust. Der Postillion war ihm bekannt; er hätte ihn fragen können: »Sitzt denn mein Heinrich mit darin?« Aber er vermochte sich nicht vom Fleck zu rühren; mit geschlossenen Lippen stand er und sah bald darauf den Wagen fortfahren und blickte auf die leeren Geleise, die in dem Schnee erkennbar waren, auf welche leis und unaufhaltsam neuer Schnee herabsank und sie bald bedeckte.

Um ihn her war es ganz still geworden; selbst Herr Jaspers schien verschwunden; das Mädchen hatte sich schweigend neben ihn gestellt, die Arme in ihr Umschlagetuch gewickelt. Mitunter klingelte eine Türschelle, dann sangen die Kinderstimmen: »Vom Himmel hoch, da komm ich her!« Die kleinen Weihnachtsbettler mit ihrem tröstlichen Verkündigungsliede zogen noch immer von Haus zu Haus.

Endlich kam es abermals die Straße herauf, näher und näher kam es, noch einmal knallte die Peitsche und schmetterte das Posthorn, und jetzt rollte die verheißene Beichaise in den Laternenschein des Posthauses hinein.

Und ehe die Pferde noch zum Stehen gebracht waren, sah Carsten die Gestalt eines hohen Mannes behände aus dem Wagen springen und gegen sich herankommen. »Heinrich!«, rief er und stürzte vorwärts, dass er fast gestrauchelt wäre; aber der Mann wandte sich zu dem Mädchen, die jetzt mit einem Freudenschrei an seinem Halse hing. »Ich dachte schon, du wärst nicht mehr gekommen!« – »Ich? Nicht kommen, am Weihnachtabend? Oh!«

Carsten blickte den beiden nach, wie sie durch den fallenden Schnee Arm in Arm die Straße hinabgingen; als er sich umwandte, war auch der Platz vor dem Hause leer, wo vorhin die Chaise gehalten hatte. »Er ist nicht gekommen, er wird krank geworden sein«, sagte er halblaut zu sich selber.

Da legte sich eine breite Hand auf seinen Arm. »Oho, Freundchen!«, sprach dicht neben ihm Herrn Jaspers' wohlbekannte Stimme, »dachte ich's nicht, dass Ihr Euch Grillen fangen würdet! Krank, meint Ihr? Nein, Carsten, das lasst Euch den Heiligen Abend nicht verderben. Ihr wisst doch, in Hamburg gibt's ganz andere Weihnachten für die jungen Bursche als in Eurem alten Urgroßvaterhause an der Twiete. Aber, seht Ihr, war's nicht hübsch, dass ich Euch warten half? Da habt Ihr doch Gesellschaft auf dem Rückweg!«

Herrn Jaspers' Stimme hatte einen fast zärtlichen Ausdruck angenommen; aber Carsten hörte nicht darauf. Auch auf dem Rückwege ließ er Herrn Jaspers ungestört an seiner Seite traben; er war ein geduldiger Mann geworden.

Als er wieder in sein Haus trat, hörte er rasch die Stubentür von innen anziehen. »Noch einen Augenblick Geduld!«, rief Annas helle Stimme; dann gleich darauf wurde die Tür weit aufgeschlagen, und die schlanke Mädchengestalt stand wie in einem Bilderrahmen auf der Schwelle. Sie schritt auch nicht hinaus, sie starrte regungslos auf ihren alten Pflegevater.

»Allein, Ohm?«, fragte sie endlich.

»Allein, mein Kind.«

Dann gingen beide zu Tante Brigitte in die festlich aufgeschmückte Stube, und die Frauen, während Carsten schweigend in dem Ledersessel daneben saß, erschöpften sich in immer neue Mutmaßungen, was es nur gewesen sein könne, das ihnen alle Freude so zerstört habe, bis endlich der Abend vergangen war und sie still die Lichter löschten und die Geschenke wieder forträumten, welche sie kurz zuvor so geschäftig zusammengetragen hatten.

Auch die Weihnachtsfeiertage verflossen, ohne dass Heinrich selber oder ein Lebenszeichen von ihm erschienen wäre. Als auch der Neujahrsabend herankam und die langerwartete Poststunde wieder so vorüberging, hatten in dem alten Manne die Sorgen der letzten Tage sich zu einer fast erstickenden Angst gesteigert. Was konnte geschehen sein? Wenn Heinrich krank läge dort in der großen fremden Stadt! Die diesmal ruhigere Überlegung der Frauen vermochte ihn nicht zurückzuhalten, er musste selber hin und sehen. Vergebens stellten sie ihm die Beschwerlichkeit der langen Reise bei dem eingetretenen scharfen Frost vor Augen; er suchte sich das nötige Reisegeld zusammen und hieß Brigitte seinen Koffer packen; dann ging er in die Stadt, um sich zum anderen Morgen Fuhrwerk zu verschaffen.

Als er nach vielfachem Umherrennen erschöpft nach Hause kam, war ein Brief von Heinrich da; ein Versehen des Postboten hatte die Abgabe verspätet. Hastig riss er das Siegel auf; die Hände flogen ihm, dass er kaum seine Brille aus der Tasche ziehen konnte. Aber es war ein ganz munterer Brief; Herr Jaspers hatte Recht gehabt: Mit Heinrich war nichts Besonderes vorgefallen, er hatte nur gedacht, es sei doch richtiger, den Weihnachtsmarkt in Hamburg zu genießen und dann später nach Haus zu kommen, wenn erst im Hof der große Birnbaum blühe und sie miteinander auf den Deich hinausspazieren könnten; dann folgte die lustige Beschreibung verschiedener Feste und Schaustellungen; von den Kümmernissen, die er den Seinen zugefügt, schien ihm keine Ahnung gekommen zu sein.

[…]

»Nun, Ohm?«, fragte Anna, die auf Mitteilung harrend mit Tante Brigitte vor ihm stand.

Er reichte ihnen den Brief. »Leset selbst«, sagte er, »vielleicht dass ich heute einmal besser schlafe! Und dann, Anna, bestelle mir den Fuhrmann ab, meine alten Beine können nun nicht mehr!«

Er sah fast glücklich aus bei diesen Worten; ein Ruhepunkt war eingetreten, und er wollte ihn redlich zu benutzen suchen.

Am anderen Morgen wurden die Weihnachtsgeschenke aus den Schubladen wieder hervorgeholt und, sorgsam in ein Kistchen verpackt, an Heinrich auf die Post gegeben […].

Strahlende Kinderaugen

Es ist wieder einmal Weihnachten, und die Kinderschar lebt in goldenen Träumen, bis das im Leben so seltene Wunder eintritt, dass diese Träume in dem Weihnachtsbaum verkörpert vor ihnen stehen.

An seinen Schwiegervater Ernst Esmarch, 23. Dezember 1871

Zum Weihnachten

Mit Märchen

Mädchen, in die Kinderschuhe
Tritt noch einmal mir behänd!
Folg mir durch des Abends Ruhe,
Wo der dunkle Taxus brennt.

Engel knien an der Schwelle,
Hütend bei dem frommen Schein;
Von den Lippen klingt es helle:
Nur die Kindlein gehen ein!

Doch du schaust mich an verwundert,
Sprichst: »Vertreten sind die Schuh;
Unter alt vergessnem Plunder
Liegt die Puppe in der Truh.«

Horch nur auf! Die alten Märchen
Ziehn dich in die alte Pracht!
Wie im Zauberwald das Pärchen
Schwatzen wir die ganze Nacht.

Von Schneewittchen bei den Zwergen,
Wo sie lebte unerkannt,
Und war hinter ihren Bergen
Doch die Schönst' im ganzen Land.

Von Hans Bärlein, der im Streite
Einen Riesenritter schlug,
Der die Königstochter freite,
Endlich gar die Krone trug.

Von dem Dichter auch daheime,
Der ein Mädchen, groß und schlank,
Durch die Zauberkraft der Reime
Rückwärts in die Kindheit sang.

Weihnachtswärme

Zwei Jahre vor seinem Tod veröffentlichte Storm seine sozialkritische Erzählung »Der Doppelgänger« (1886). Anhand des Schicksals des ehemaligen Strafgefangenen John Hansen schildert Storm die Verarmung der Landbevölkerung durch die Industrialisierung. John, der im Affekt seine Frau getötet hat, kümmert sich aufopferungsvoll um seine Tochter Christine, der er trotz ihrer Armut zumindest zum Weihnachtsfest ein klein wenig Wärme schenken möchte.

Da hob das Kind sein Köpfchen aus den Umhüllungen und sagte: »Vater, morgen ist doch Weihnachten; darf es hier dann nicht ein wenig wärmer sein?«

John sah nur finster auf sie hin; die Alte aber huckte sich neben ihm und der Kleinen zu Boden. »Kind, Gottes Engel!«, rief sie und streichelte mit ihrer warmen Hand Stirn und Wangen der Kleinen; dabei griff sie mit der anderen in ihre Tasche und fühlte nach den Schillingen, von denen sie nicht geredet, die sie aber neben dem Kaffee von der Frau Senatorin als Festgeschenk erhalten hatte. »Ja, ja, Christinchen, sorg nur nicht! Unser Herr Christus hat dazumal auch warm in seinem Kripplein gelegen!« John schwieg noch immer; das Wort seines Kindes war ihm wie ein Schwert durchs Herz gegangen. Aber vor seinem inneren Auge stand jetzt plötzlich jener einsame Brunnen draußen auf dem Felde; er sah den Bretterzaun im Froste flimmern. Sein alter Arbeitgeber, von dem er ihn einst selbst erbeten hatte, war jahrelang tot; auch sie, um deren willen es geschah – wen kümmerte das von damals noch? Hatten die Bretter einst sein Weib geschützt, sie konnten nun sein

Kind erwärmen! – Das Blut stieg ihm zu Häupten; sein Herz hämmerte heftig.

Das hörte das Kind, dessen Kopf daran lag. »Vater«, sagte sie, »was klopft so in dir?«

»Das Gewissen!« – Er war zusammengefahren. Niemand hatte das gesagt, und war ihm doch, als habe er es gehört, deutlich, dicht vor seinem Ohr.

»Mich friert!«, sagte die Kleine wieder.

Da stieg aufs Neu der Brunnen vor ihm auf. »Wärme dich ein Stündchen in meinem Bette!«, sagte er hastig; »dort wirst du schlafen; ich wecke dich dann wieder.«

»Ja, ja, Christinchen«, rief die Alte, »ich setz mich zu dir; schlaf nur, Kind; die Welt ist gar zu kalt!« John aber stürzte aus der Kammer, dem niedrigen Verschlage zu, der auf dem Hofe war; hier in der Dunkelheit, nach zugeriegelter Tür, schärfte er seine Handsäge und schliff sein Handbeil auf dem dort stehenden Schleifstein.

– – In der Nacht, die diesem Tage folgte, fiel das Quecksilber in den Thermometern noch um mehrere Grade tiefer; die schneebedeckten Felder, auf welche die zitternden Sterne herabblinkten, schienen wie eine Öde, die nie ein Menschenfuß betreten. Dennoch vernahmen die Kranken oder in Sorgen Wachenden, welche in der Norderstraße ihre Schlafkammern nach den Gärten hatten, aus der Ferne die Schläge eines Beiles, die in der grenzenlosen Stille nach der Stadt hinüber schollen. Vielleicht mochte auch ihrer einer sich erheben und vom Bett aus, wiewohl vergebens, durch die flimmernden Fensterscheiben hinauszublicken suchen; aber wen kümmerte es weiter, wer draußen noch so geschäftig wach war?

Als aber Alt-Mariken am Morgen spät erwachte, da sah

sie von ihrem Bett aus, dass in dem Beilegerofen schon ein helles Feuer prasselte und ihre Schillinge nicht mehr nötig waren. In der Kammer stand John neben seinem Töchterlein und sah schweigend zu, wie sie behaglich sich die Kleider überzog und unterweilen mit ihren Händchen an den Ofen klatschte. »Oh«, rief sie fröhlich und zog sie rasch zurück, »er hat mich ordentlich gebrannt.«

Und allmählich schmolz der Schnee; die Sonne kam immer länger auf Besuch; die Schneeglöckchen hatten ausgeblüht, und die Veilchen zeigten dicke Knospen; Vögel und allerlei Wandergäste kamen; darunter auch, die nicht willkommen waren.

Unter dem Tannenbaum

Wer kennt es nicht, Storms Weihnachtsgedicht »Von drauß' vom Walde komm ich her« (1862)? Dass es aber im zweiten Teil seiner Novelle »Unter dem Tannenbaum« vorkommt, in dem sich Amtsrichter Paul und sein Sohn an frühere Weihnachtsfeste erinnern, dürfte wohl viele erstaunen. Und die wenigsten werden wissen, dass es hier eine Antwort auf die Frage gibt: »Sind's gute Kind, sind's böse Kind?« Noch ausführlicher ist da nur noch eine handschriftliche Spielfassung, die zu Weihnachten bei den Storms in verteilten Rollen aufgeführt wurde. Im Anschluss an das Gespräch zwischen Vater und Knecht Ruprecht fragt Ruprecht: »Stecken sie die Nas auch tüchtig ins Buch, lesen und schreiben und rechnen genug?« Der Vater antwortet: »Sie lernen mit ihrer kleinen Kraft, wir hoffen zu Gott, dass es endlich schafft«, und überzeugt damit den strengen Knecht: »So nehmet denn Christkindleins Gruß, Kuchen und Äpfel, Äpfel und Nuss.«

Der Weihnachtsabend begann zu dämmern. – Der Amtsrichter war mit seinem Sohne auf der Rückkehr von einem Spaziergange; Frau Ellen hatte sie auf ein Stündchen fortgeschickt. Vor ihnen im Grunde lag die kleine Stadt; sie sahen deutlich, wie aus allen Schornsteinen der Rauch emporstieg; denn dahinter am Horizont stand feuerfarben das Abendrot. – Sie sprachen von den Großeltern drüben in der alten Heimat; dann von den letzten Weihnachten, die sie dort erlebt hatten.

»Und am Vorabend«, sagte der Vater, »als Knecht Ruprecht zu uns kam mit dem großen Bart und dem Quersack und der Rute in der Hand!«

»Ich wusste wohl, dass es Onkel Johannes war«, erwiderte der Knabe, »der hatte immer so etwas vor!«

»Weißt du denn auch noch die Worte, die er sprach?«

Harro sah den Vater an und schüttelte den Kopf.

»Wart nur«, sagte der Amtsrichter, »die Verse liegen zu Haus in meinem Pult; vielleicht bekomm ich's noch beisammen!« Und nach einer Weile fuhr er fort: »Entsinne dich nur, wie erst die drei Rutenhiebe von draußen auf die Tür fielen, und wie dann die raue borstige Gestalt mit der großen Hakennase in die Stube trat!« Dann hub er langsam und mit leiser Stimme an:

»Von drauß' vom Walde komm ich her,
Ich muss euch sagen, es weihnachtet sehr!
Allüberall auf den Tannenspitzen
Sah ich goldene Lichtlein sitzen.
Und droben aus dem Himmelstor
Sah mit großen Augen das Christkind hervor.
Und wie ich so strolcht' durch den dichten Tann,
Da rief's mich mit heller Stimme an;
›Knecht Ruprecht‹, rief es, ›alter Gesell,
Hebe die Beine und spute dich schnell!
Die Kerzen fangen zu brennen an,
Das Himmelstor ist aufgetan,
Alt' und Junge sollen nun
Von der Jagd des Lebens einmal ruhn;
Und morgen flieg ich hinab zur Erden,
Denn es soll wieder Weihnachten werden!‹
Ich sprach: ›O lieber Herre Christ,
Meine Reise fast zu Ende ist;

Ich soll nur noch in diese Stadt,
Wo's eitel brave Kinder hat.‹
›Hast denn das Säcklein auch bei dir?‹
Ich sprach: ›Das Säcklein, das ist hier;
Denn Apfel, Nuss und Mandelkern
Fressen fromme Kinder gern!‹
›Hast denn die Rute auch bei dir?‹
Ich sprach: ›Die Rute, die ist hier!
Doch für die Kinder nur, die schlechten,
Die trifft sie auf den Teil, den rechten!‹
Christkindlein sprach: ›So ist es recht,
So geh mit Gott, mein treuer Knecht!‹
Von drauß' vom Walde komm ich her;
Ich muss euch sagen, es weihnachtet sehr!
Nun sprecht, wie ich's hierinnen find?
Sind's gute Kind, sind's böse Kind?

Aber«, fuhr der Amtsrichter mit veränderter Stimme fort, »ich sagte dem Knecht Ruprecht:

›Der Junge ist von Herzen gut,
Hat nur mitunter was trotzigen Mut!‹«

»Ich weiß, ich weiß!«, rief Harro triumphierend; und den Finger emporhebend, und mit listigem Ausdruck setzte er hinzu: »Dann kam so etwas –«

»Was dich in großes Geschrei brachte; denn Knecht Ruprecht schwang seine Rute und sprach:

›Heißt es bei euch denn nicht mitunter:
Nieder den Kopf und die Hosen herunter?‹«

»O«, sagte Harro, »ich fürchtete mich nicht; ich war nur zornig auf den Onkel!«

Über der Stadt, die sie jetzt fast erreicht hatten, stand

nur noch ein fahler Schein am Himmel. Es dunkelte schon; aber es begann zu schneien; leise und emsig fielen die Flocken, und der Weg schimmerte schon weiß zu ihren Füßen.

Vater und Sohn waren eine Weile schweigend nebeneinander hergegangen. – »Am Abend darauf«, hub der Amtsrichter wieder an, »brannte der letzte Weihnachtsbaum, den du gehabt hast. Es war damals eine bewegte Zeit; sogar das Zuckerwerk zwischen den Tannenzweigen war kriegerisch geworden: unsere ganze Armee, Soldaten zu Pferde und zu Fuß! – Von alledem ist nun nichts mehr übrig!«, setzte er leiser und wie mit sich selbst redend hinzu.

Der Knabe schien etwas darauf erwidern zu wollen, aber ein anderes hatte plötzlich seine Gedanken in Anspruch genommen. – Es war ein großer bärtiger Mann, der vor ihnen aus einem Seitenwege auf die Landstraße herauskam. Auf der Schulter balancierte er ein langes stangenartiges Gepäck, während er mit einem Tannenzweig, den er in der Hand hielt, bei jedem Schritt in die Luft peitschte. Wie er vorüberging, hatte Harro in der Dämmerung noch die große rote Hakennase erkannt, die unter der Pelzmütze hinausragte. Auch einen Quersack trug der Mann, der anscheinend mit allerhand eckigen Dingen angefüllt war. Er ging rasch vor ihnen auf.

»Knecht Ruprecht!«, flüsterte der Knabe, »hebe die Beine und spute dich schnell!«

Das Gewimmel der Schneeflocken wurde dichter, sie sahen ihn noch in die Stadt hinabgehen; dann entschwand er ihren Augen; denn ihre Wohnung lag eine Strecke weiter außerhalb des Tores.

»Freilich«, sagte der Amtsrichter, indem sie rüstig zuschritten, »der Alte kommt zu spät; dort unten in der Gasse leuchteten schon alle Fenster in den Schnee hinaus.«

Endlich war das Haus erreicht. Nachdem sie auf dem Flur die beschneiten Überkleider abgetan, traten sie in das Arbeitszimmer des Amtsrichters. Hier war heute der Tee serviert; die große Kugellampe brannte, alles war hell und aufgeräumt. Auf der sauberen Damastserviette stand das feinlackierte Teebrett mit den Geburtstagstassen und dem rubinroten Zuckerglase; daneben auf dem Fußboden in dem Komfort von Mahagonistäbchen mit blankem Messingeinsatz kochte der Kessel, wie es sein muss, auf gehörig durchgeglühten Torfkohlen; wie daheim einst in der großen Stube des alten Familienhauses, so dufteten auch hier in dem kleinen Stübchen die braunen Weihnachtskuchen nach dem Rezept der Urgroßmutter. – Aber während die Mutter nebenan im Wohnzimmer noch das Fest bereitete, blieben Vater und Sohn allein; kein Onkel Erich kam, ihnen feiern zu helfen. Es war doch anders als daheim.

Ein paar Mal hatte Harro mit bescheidenem Finger an die Tür gepocht, und ein leises »Geduld!« der Mutter war die Antwort gewesen. Endlich trat Frau Ellen selbst herein. Lächelnd – aber ein leiser Zug von Weh war doch dabei – streckte sie ihre Hände aus und zog ihren Mann und ihren Knaben, jeden bei einer Hand, in die helle Weihnachtsstube.

Es sah freundlich genug aus. Auf dem Tische in der Mitte, zwischen zwei Reihen brennender Wachskerzen, stand das kleine Kunstwerk, das Mutter und Sohn in den Tagen vorher sich selbst geschaffen hatten, ein Garten im Geschmack des vorigen Jahrhunderts mit glattgeschorenen Hecken und dunklen Lauben; alles von Moos und verschiedenem Wintergrün zierlich zusammengestellt. Auf dem

Teiche von Spiegelglas schwammen zwei weiße Schwäne; daneben vor dem chinesischen Pavillon standen kleine Herren und Damen von Papiermaché in Puder und Kontuschen. – Zu beiden Seiten lagen die Geschenke für den Knaben; eine scharfe Lupe für die Käfersammlung, ein paar bunte Münchener Bilderbogen, die nicht fehlen durften, von Schwind und Otto Speckter; ein Buch in rotem Halbfranzband; dazwischen ein kleiner Globus in schwarzer Kapsel, augenscheinlich schon ein altes Stück. »Es war Onkel Erichs letzte Weihnachtsgabe an mich«, sagte der Amtsrichter, »nimm du es nun von mir! Es ist mir in diesen Tagen aufs Herz gefallen, dass ich ihm die Freude, die er mir als Kind gemacht, in späterer Zeit nicht einmal wieder gedankt – nun haben sie mir den alten Herrn im letzten Herbst begraben!«

Frau Ellen legte den Arm um ihren Mann und führte ihn an den Spiegeltisch, auf dem heute die beiden silbernen Armleuchter brannten. Auch ihm hatte sie beschert; das Erste aber, wonach seine Hand langte, war ein kleines Lichtbild. Seine Augen ruhten lange darauf, während Frau Ellen still zu ihm emporsah. Es war sein elterlicher Garten; dort unter dem Ahorn vor dem Lusthause standen die beiden Alten selbst, das noch dunkle volle Haar seines Vaters war deutlich zu erkennen.

Der Amtsrichter hatte sich umgewandt; es war, als suchten seine Augen etwas. Die Lichter an dem Moosgärtchen brannten knisternd fort; in ihrem Schein stand der Knabe vor dem aufgeschlagenen Weihnachtsbuch. Aber droben unter der Decke des hohen Zimmers war es dunkel; der Tannenbaum fehlte, der das Licht des Festes auch dort hinaufgetragen hätte.

Da klingelte draußen im Flur die Glocke, und die Haustür wurde polternd aufgerissen. »Wer ist denn das?«, sagte Frau Ellen; und Harro lief zur Tür und sah hinaus.

Draußen hörten sie eine raue Stimme fragen: »Bin ich denn hier recht beim Herrn Amtsrichter?« Und in demselben Augenblicke wandte auch der Knabe den Kopf zurück und rief: »Knecht Ruprecht; Knecht Ruprecht!« Dann zog er Vater und Mutter mit sich aus der Tür.

Es war der große bärtige Mann, der den beiden Spaziergängern vorhin oberhalb der Stadt begegnet war; bei dem Schein des Flurlämpchens sahen sie deutlich die rote Hakennase unter der beschneiten Pelzmütze leuchten. Sein langes Gepäck hatte er gegen die Wand gelehnt. »Ich habe das hier abzugeben!«, sagte er, indem er auch den schweren Quersack von der Schulter nahm.

»Von wem denn?«, fragte der Amtsrichter.

»Ist mir nichts von aufgetragen worden.«

»Wollt Ihr denn nicht näher treten?«

Der Alte schüttelte den Kopf. »Ist alles schon besorgt! Habt gute Weihnacht beieinander!« Und indem er noch einmal mit der großen Nase nickte, war er schon zur Tür hinaus.

»Das ist eine Bescherung!«, sagte Frau Ellen fast ein wenig schüchtern.

Harro hatte die Haustür aufgerissen. Da sah er die große dunkle Gestalt schon weithin auf dem beschneiten Wege hinausschreiten.

Nun wurde die Magd herbeigerufen, deren Bescherung durch dieses Zwischenspiel bis jetzt verzögert war; und als mit ihrer Hülfe die verhüllten Dinge in das helle Weihnachtszimmer gebracht waren, kniete Frau Ellen auf dem

Fußboden und begann mit ihrem Trennmesser die Nähte des großen Packens aufzulösen. Und bald fühlte sie, wie es von innen heraus sich dehnte und die immer schwächer werdenden Bande zu sprengen strebte; und als der Amtsrichter, der bisher schweigend dabeigestanden, jetzt die letzten Hüllen abgestreift hatte und es aufrecht vor sich hingestellt hielt, da war's ein ganzer mächtiger Tannenbaum, der nun nach allen Seiten seine entfesselten Zweige ausbreitete. Lange schmale Bänder von Knittergold rieselten und blitzten überall von den Spitzen durch das dunkle Grün herab; auch die Tannäpfel waren golden, die unter allen Zweigen hingen.

Harro war indes nicht müßig gewesen, er hatte den Quersack aufgebunden; mit leuchtenden Augen brachte er einen flachen, grünlackierten Kasten geschleppt. »Horch, es rappelt!«, sagte er. »Es ist ein Schubfach drin!« Und als sie es aufgezogen, fanden sie wohl ein Schock der feinsten weißen Wachskerzchen.

»Das kommt von einem echten Weihnachtsmann«, sagte der Amtsrichter, indem er einen Zweig des Baumes herunterzog, »da sitzen schon überall die kleinen Blechlampetten!«

Aber es war nicht nur ein Schubfach in dem Kasten; es war auch obenauf ein Klötzchen mit einem Schraubengang. Der Amtsrichter wusste Bescheid in diesen Dingen; nach einigen Minuten war der Baum eingeschroben und stand fest und aufrecht, seine grüne Spitze fast bis zur Decke streckend. – Die alte Magd hatte ihre Schüssel mit Äpfeln und Pfeffernüssen stehen lassen; während die andern drei beschäftigt waren, die Wachskerzen aufzustecken, stand sie neben ihnen, ein lebendiger Kandelaber, in jeder Hand einen brennenden Armleuchter emporhaltend. – Sie war aus der Heimat mit herübergekommen und hatte sich von allen am schwersten in den Brauch der Fremde gefunden. Auch jetzt betrachtete sie den stolzen Baum mit misstrauischen Augen. »Die goldenen Eier sind denn doch vergessen!«, sagte sie.

Der Amtsrichter sah sie lächelnd an: »Aber, Margret, die goldenen Tannäpfel sind doch schöner!«

»So, meint der Herr? Zu Hause haben wir immer die goldenen Eier gehabt.«

Darüber war nicht zu streiten; es war auch keine Zeit dazu. Harro hatte sich indessen schon wieder über den Quersack hergemacht. »Noch nicht anzünden!«, rief er, »das Schwerste ist noch darin!«

Es war ein fest vernageltes hölzernes Kistchen. Aber der Amtsrichter holte Hammer und Meißel aus seinem Gerätkästchen; nach ein paar Schlägen sprang der Deckel auf, und eine Fülle weißer Papierspäne quoll ihnen entgegen. – »Zuckerzeug!«, rief Frau Ellen und streckte schützend ihre Hände darüber aus. »Ich wittere Marzipan! Setzt euch; ich werde auspacken!«

Und mit vorsichtiger Hand langte sie ein Stück nach dem andern heraus und legte es auf den Tisch, das nun von Vater und Sohn aus dem umhüllenden Seidenpapier herausgewickelt wurde.

»Himbeeren!«, rief Harro. »Und Erdbeeren, ein ganzer Strauß!«

»Aber siehst du es wohl?«, sagte der Amtsrichter. »Es sind Walderdbeeren; so welche wachsen in den Gärten nicht.«

Dann kam, wie lebend, allerlei Geziefer; Hornissen und

Hummeln, und was sonst im Sonnenschein an stillen Waldplätzchen umherzusummen pflegt, zierlich aus Dragant gebildet, mit goldbestäubten Flügeln; nun eine Honigwabe – die Zellen mochten mit Likör gefüllt sein –, wie sie die wilde Biene in den Stamm der hohlen Eiche baut; und jetzt ein großer Hirschkäfer, von Schokolade, mit gesperrten Zangen und ausgebreiteten Flügeldecken. »*Cervus lucanus*!«, rief Harro und klatschte in die Hände.

An jedem Stück war, je nach der Größe, ein lichtgrünes Seidenbändchen. Sie konnten der Lockung nicht widerstehen; sie begannen schon jetzt den Baum damit zu schmücken, während Frau Ellens Hände noch immer neue Schätze ans Licht förderten.

Bald schwebte zwischen den Immen auch eine Schar von Schmetterlingen an den Tannenspitzen; da war der Himbeerfalter, die silberblaue Daphnis und der olivenfarbige Waldargus, und wie sie alle heißen mochten, die Harro hier vergebens aufzujagen gesucht hatte. – Und immer schwerer wurden die Päckchen, die eins nach dem andern von den eifrigen Händen geöffnet wurden. Denn jetzt kam das Geschlecht des größern Geflügels; da kam der Dompfaff und der Buntspecht, ein Paar Kreuzschnäbel, die im Tannenwald daheim sind; und jetzt – Frau Ellen stieß einen leichten Schrei aus – ein ganzes Nest voll kleiner schnäbelaufsperrender Vögel; und Vater und Sohn gerieten miteinander in Streit, ob es Goldhähnchen oder junge Zeisige seien, während Harro schon das kleine Heimwesen im dichtesten Tannengrün verbarg.

Noch ein Waldbewohner erschien; er musste vom Buchenrevier herübergekommen sein; ein Eichhörnchen von Marzipan, in halber Lebensgröße, mit erhobenem Schweif und klugen Augen. »Und nun ist's alle!«, rief Frau Ellen. Aber nein, ein schweres Päckchen noch! Sie öffnete es und verbarg es dann ebenso rasch wieder in beiden Händen. »Ein Prachtstück!«, rief sie. »Aber nein, Paul; ich bin edelmütiger als du; ich zeig's dir nicht!«

Der Amtsrichter ließ sich das nicht anfechten; er brach ihr die nicht gar zu ernstlich geschlossenen Hände auseinander, während sie lachend über ihn wegschaute.

»Ein Hase!«, jubelte Harro, »er hat ein Kohlblatt zwischen den Vorderpfötchen!«

Frau Ellen nickte: »Freilich, er kommt auch eben aus des alten Kirchspielvogts Garten!«

»Harro, mein Junge«, sagte der Amtsrichter, indem er drohend den Finger gegen seine Frau erhob; »versprich mir, diesen Hasen zu verspeisen, damit er gründlich aus der Welt komme!«

Das versprach Harro.

Der Baum war voll, die Zweige bogen sich; die alte Margret stöhnte, sie könne die Leuchter nicht mehr halten, sie habe gar keine Arme mehr am Leibe.

Aber es gab wieder neue Arbeit. »Anzünden!«, kommandierte der Amtsrichter; und die klein und großen Weihnachtskinder standen mit heißen Gesichtern, kletterten auf Schemel und Stühle und ließen nicht ab, bis alle Kerzen angezündet waren.

Der Baum brannte, das Zimmer war von Duft und Glanz erfüllt; es war nun wirklich Weihnachten geworden.

Ein wenig müde von der ungewohnten Anstrengung saß der Amtsrichter auf dem Sofa, nachsinnend in den gegenüberhängenden großen Wandspiegel blickend, der das Bild des brennenden Baums zurückstrahlte.

Frau Ellen, die ganz heimlich ein wenig aufzuräumen begann, wollte eben die geleerte Kiste an die Seite setzen, als sie wie in Gedanken noch einmal mit der Hand durch die Papierspäne streifte. Sie stutzte. »Unerschöpflich!«, sagte sie lächelnd. – Es war ein Star von Schokolade, den sie hervorgeholt hatte. »Und, Paul«, fuhr sie fort, »er spricht!«

Sie hatte sich zu ihm auf die Sofalehne gesetzt, und beide lasen nun gemeinschaftlich den beschriebenen Zettel, den der Vogel in seinem Schnabel trug: »Einen Wald- und Weihnachtsgruß von einer dankbaren Freundin!«

»Also von ihr!«, sagte der Amtsrichter. »Ihr Herz hat ein gut Gedächtnis. Knecht Ruprecht musste einen tüchtigen Weg zurücklegen; denn das Gut liegt fünf ganze Meilen von hier.«

Frau Ellen legte den Arm um ihres Mannes Nacken. »Nicht wahr, Paul, wir wollen auch nicht undankbar gegen die Fremde sein?«

»Oh, ich bin nicht undankbar – aber – –«

»Was denn aber, Paul?«

»Was mögen drüben jetzt die Alten machen!«

Sie antwortete nicht darauf; sie gab ihm schweigend ihre Hand.

[…]

Hinter ihnen im Zimmer ging lautlos die alte Magd umher und hütete sorgsamen Auges die allmählich niederbrennenden Weihnachtskerzen.

Vergangener Zauber

Worte voller Wehmut: Storm schreibt an Berthas Pflegemutter Therese Rowohl. Ein Seufzer geht durch den Brief, der einhergeht mit der Erkenntnis, dass Weihnachten am schönsten ist aus der Sicht eines Kindes.

Kiel, Anfang 1838

Den letzten Weihnachten habe ich wieder einmal nach drei Jahren im Kreise der Meinigen zugebracht; meine Geschwister harrten und horchten, jubelten und sprangen, wie sonst, der Baum brannte, ich ward freundlich und reichlich beschenkt, wie vor Jahren; allein der Zauber der Kinderwelt war verschwunden; und dass ich dies fühlte, war ein harter Schmerz für mich am heiligen Abend; die Welt die wir in unserm Geiste bauen ist alles: Wir streben nach Wahrheit und die beglückende Täuschung fällt. – Darum liebe ich die Kinder, weil sie die Welt und sich selbst noch im schönen Zauberspiegel ihrer Phantasie sehen. –

Verzeichnis der Texte und Druckvorlagen

Die Texte der vorliegenden Ausgabe folgen – unter behutsamer Angleichung an die neue Rechtschreibung – den hier verzeichneten Editionen; in den Textnachweisen werden sie jeweils mit den angegebenen Titelsiglen abgekürzt zitiert.

B	Theodor Storm: Briefe. Hrsg. von Peter Goldammer. Bd. 1. Berlin/Weimar: Aufbau, 1984.
BW1	Theodor Storm / Ernst Esmarch: Briefwechsel. Krit. Ausg. In Verb. mit der Theodor-Storm-Gesellschaft hrsg. von Arthur Tilo Alt. Berlin: Erich Schmidt Verlag, 1979.
BW2	Theodor Storm / Gottfried Keller: Briefwechsel. Krit. Ausg. In Verb. mit der Theodor-Storm-Gesellschaft hrsg. von Karl Ernst Laage. Berlin: Erich Schmidt Verlag, 1992.
BW3	Theodor Storm / Hartmuth und Laura Brinkmann: Briefwechsel. Krit. Ausg. In Verb. mit der Theodor-Storm-Gesellschaft hrsg. von August Stahl. Berlin: Erich Schmidt Verlag, 1986.
BW4	Theodor Storm / Erich Schmidt: Briefwechsel. Krit. Ausg. Bd. 1: 1877–1880. In Verb. mit der Theodor-Storm-Gesellschaft hrsg. von Karl Ernst Laage. Berlin: Erich Schmidt Verlag, 1972.
BW5	Theodor Storm / Wilhelm Petersen: Briefwechsel. Krit. Ausg. In Verb. mit der Theodor-Storm-Gesellschaft hrsg. von Brian Coghlan. Berlin: Erich Schmidt Verlag, 1984.
DG	Theodor Storm: Ein Doppelgänger. Novelle. Nachw. und Anm. von Walter Zimorski. Stuttgart: Reclam, 2021.
EGL	Storms erste große Liebe. Theodor Storm und Bertha von Buchan in Gedichten und Dokumenten. Hrsg. von Gerd Eversberg. Heide: Boyens & CO., 1995.
G1	Theodor Storm: Gedichte. Erstes Buch. Berlin: Gebrüder Paetel, ^{8}1889.
G2	Theodor Storm: Gedichte. Erstes Buch. Kiel: Schwers'sche Buchhandlung, 1852.

IMM Theodor Storm: Immensee und andere Novellen. Stuttgart: Reclam, 2022.

SG Theodor Storm: Sommer-Geschichten und Lieder. Berlin: Duncker, 1851.

SW1 Theodor Storm: Sämtliche Werke. Neue Ausg. in 3 Bänden. Erster Band. Braunschweig/Hamburg: Georg Westermann, 1918.

SW2 Theodor Storm: Sämtliche Werke in vier Bänden. Hrsg. von Peter Goldammer. Berlin/Weimar: Aufbau, [4]1978.

Weihnachten mit Storm

7 BW1 86 | 9 G1 7

Ein Schwelgen in Erinnerungen

11 BW1 48 | 13 BW2 99 f. | 15 IMM 45–52 | 23 SW1 117–126 | 39 B 50 | 40 BW 1 50

Ein Fest für die ganze Familie

43 SW1 136 | 45 BW3 48 f. | 47 BW5 56 f. | 48 BW4 72 f. | 50 SG 105–107 | 53 EGL 115 f. | 54 BW3 48 | 56 SW2 31–38

Strahlende Kinderaugen

65 BW1 132 | 67 G2 144 f. | 69 DG 61–63 | 72 SW1 126–135 | 84 EGL 101 f.